Do it yourself mit EASY STICKS

Ina Mielkau

Do it yourself mit EASY STICKS

Dekoratives & Praktisches aus Holzklötzchen

CV

INHALTSVERZEICHNIS

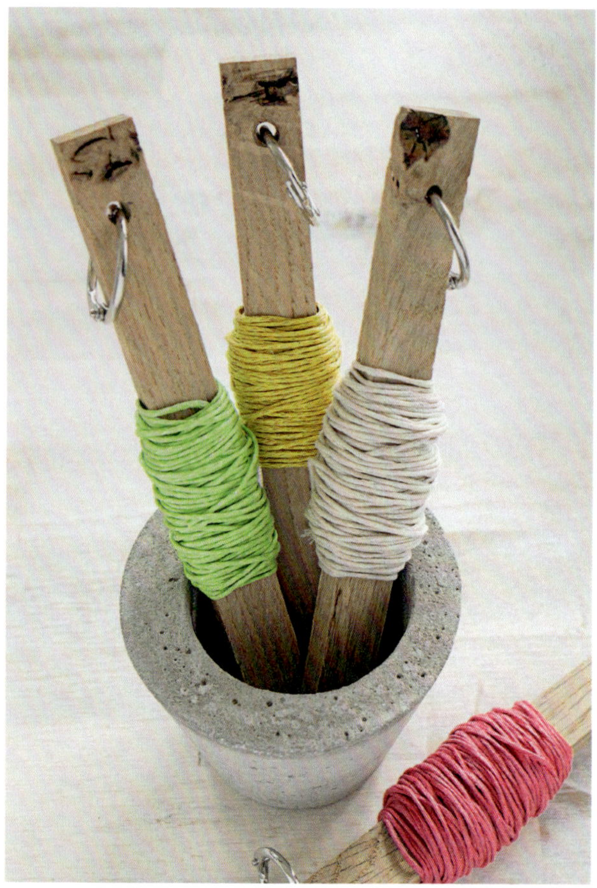

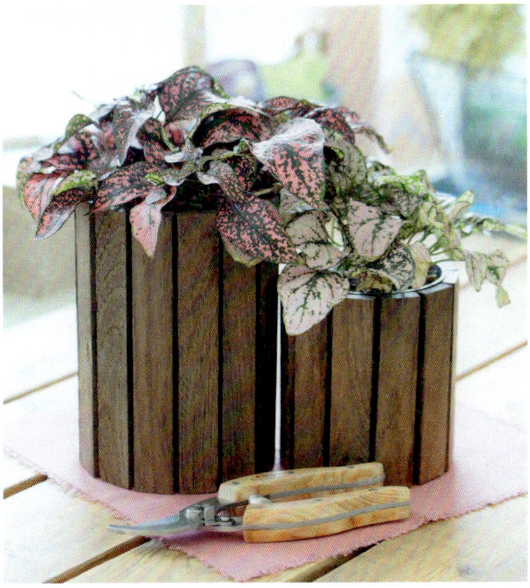

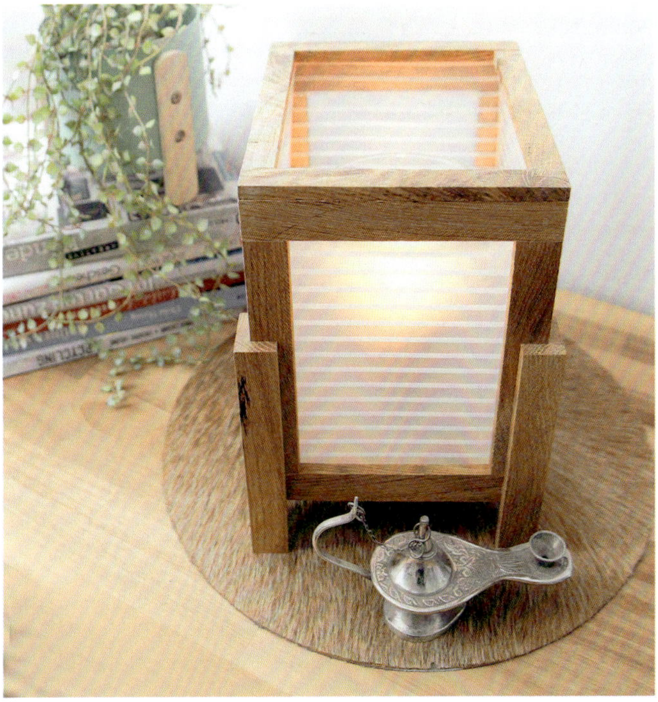

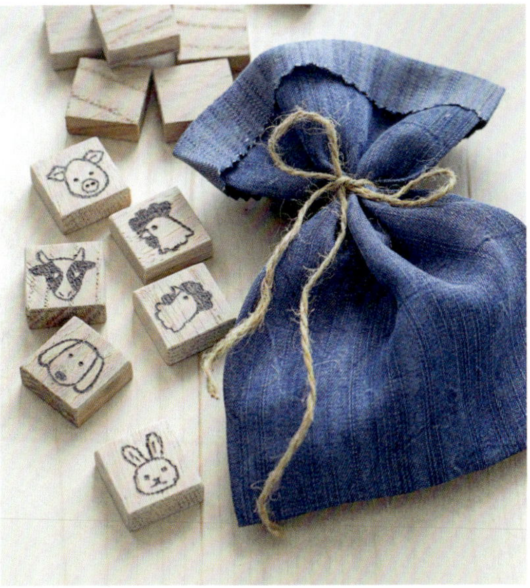

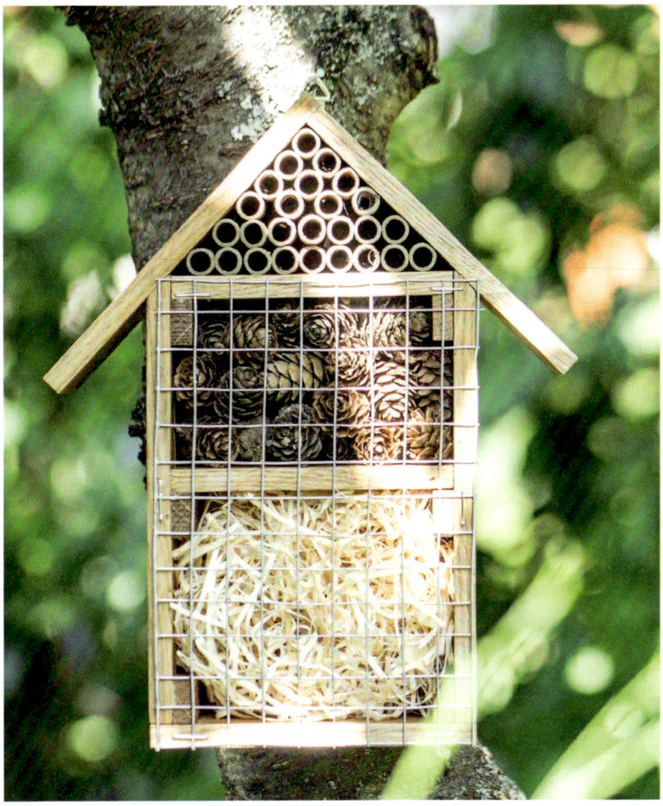

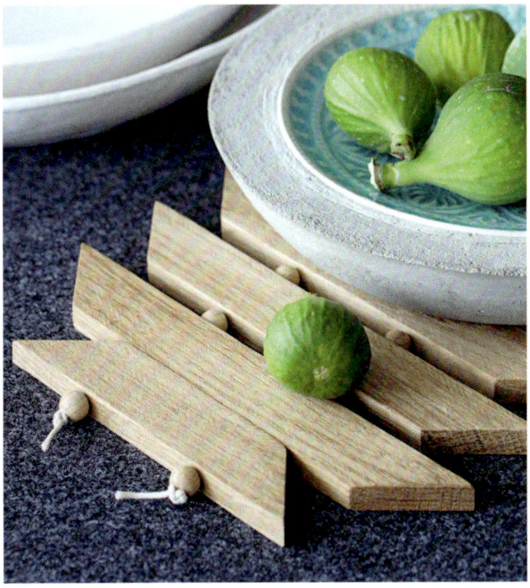

ALLES GANZ EASY ...

Vor etlichen Jahren wurde in unserem Haus Holzboden verlegt. Stäbchenparkett. Seitdem schlummerte eine Kiste mit Resthölzern in unserem Keller. Bis ich sie vor fünf Jahren wiederentdeckt habe und mir dachte, dass sie als Brennholz zu schade sind. Aber einfach liegenlassen konnte ich sie natürlich auch nicht.

Es entstanden erste Projekte mit den kleinen Holzleisten, die ein Format von 23 x 160 mm haben. Meist benötigt man so gut wie gar kein Werkzeug. Ein bisschen Holzleim, und schon kann man loslegen. Im Laufe der Jahre kamen immer mehr Ideen zusammen.

„Du und dein Stäbchenparkett", hieß es dann belustigt auf meinem Blog und auf Instagram. „Mach doch mal ein Buch daraus!" Wer sollte das aber nachbauen, wo doch nicht jeder so eine Schatzkiste mit Hölzchen im Keller hat.

Und dann tauchten in den sozialen Medien plötzlich Bilder auf mit Projekten aus sehr ähnlichen Hölzern. Nur nannte sich das Material **#Easy Sticks**. Hallo? Da gibt es diese Hölzchen nun ganz offiziell zum Basteln? Ich fand viel Inspiration für meine Projekte und endlich die Möglichkeit für ein Buch. Schließlich ist es ja nun für jeden ganz easy, sich mit den Hölzchen zu versorgen ... ;)

Das Holz für die Easy Sticks stammt aus Europa und wird mit einem erfahrenen Holzproduzenten hergestellt. Es gibt sie in unterschiedlichen Qualitäten. Dadurch ist für jeden etwas dabei. Meine Lieblings Sticks sind die Easy Sticks 4.0. Hier ist die Qualität mit Abstand am besten.

Zu beziehen sind die Hölzchen unter www.easy-sticks.de

Für die hier gezeigten Projekte wurden die Easy Sticks 4.0 verwendet. Sie sind immer gleich groß, geschliffen und haben keine Rinde.

Es ist wirklich unglaublich, was man alles aus diesen kleinen Hölzchen herstellen kann. In diesem Buch zeige ich nur einen kleinen Teil, der als Inspiration dienen soll, um selbst mit den Easy Sticks kreativ zu werden. Es ist wirklich ganz easy ...

Viel Spaß beim (Nach)basteln!

Das Projekt rechts besteht übrigens aus 6 Easy Sticks, die zunächst zusammengeklebt wurden und dann in drei Teile geschnitten. Mit der Säge noch einen Schlitz in die Mitte sägen und alle Kanten schön abschmirgeln – fertig ist ein kleiner Karten- oder Bilderhalter.

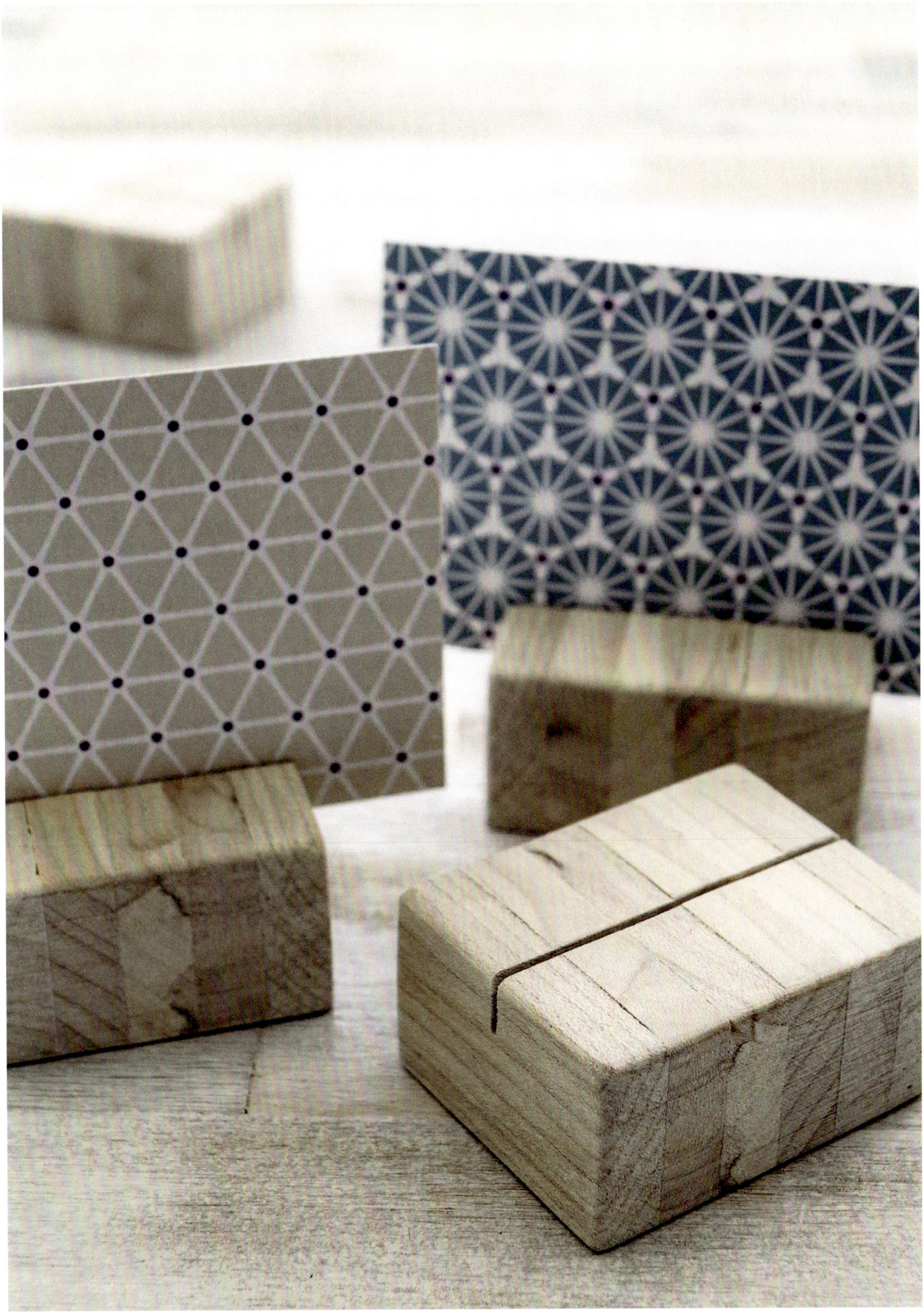

DIE RICHTIGEN WERKZEUGE

Gutes Werkzeug erleichtert das Arbeiten mit Holz natürlich sehr, aber auch wer statt einer **Gehrungssäge** nur eine kleine **Gehrungslade** hat, kann damit arbeiten. Es geht auch ohne **Bohrständer**, allerdings ist es dann nicht ganz so einfach, präzise und vor allem gleichmäßig mehrere Teile identisch zu bohren.

Ansonsten braucht man eigentlich gar nicht viel für die kleinen Projekte mit Easy Sticks. **Schmirgelpapier** ist wichtig, damit man die zugeschnittenen Teile glätten kann. Einen **Holzleim**, der schnell fest wird, und ein paar kleine **Klemmzwingen.** Die sind hier besser als Schraubzwingen, da sie sich leicht mit einem Handgriff bedienen lassen.

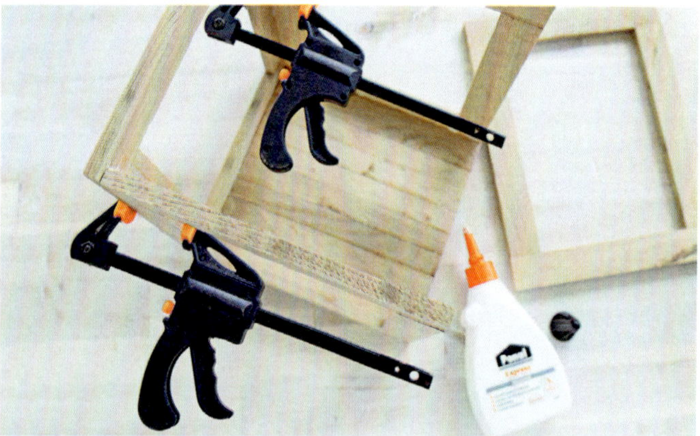

KLEMMZWINGEN

Eine kleine **Bohrmaschine** oder ein **Akkubohrschrauber** sollte vorhanden sein. Und natürlich Pinsel, um das Holz zu schützen oder zu verschönern.

Was man sich unbedingt für die Projekte in diesem Buch bereits im Vorfeld basteln sollte, ist eine kleine **Montageplatte** zum Verkleben der Easy Sticks. Hier reicht eine einfache MDF- oder Spanplatte. An zwei Seiten klebt man kleine Leisten an, sodass man eine Ecke erhält. Die Leisten sollten ein ganzes Stück höher sein als die Platte.
Hier kann man nun Platten von mehreren Easy Sticks verkleben oder auch rechte Winkel, ohne dass sich die Teile verschieben. So passt dann später alles besser zusammen (siehe Foto rechte Seite).

Allerdings muss man aufpassen, dass die Easy Sticks nicht beim Verkleben auf der Platte anhaften, da sich beim Zusammendrücken der Teile Holzleim nach außen quetschen kann.

Die Klebereste hin und wieder mit einem Spachtel abschaben, damit die Easy Sticks immer gerade aufliegen.

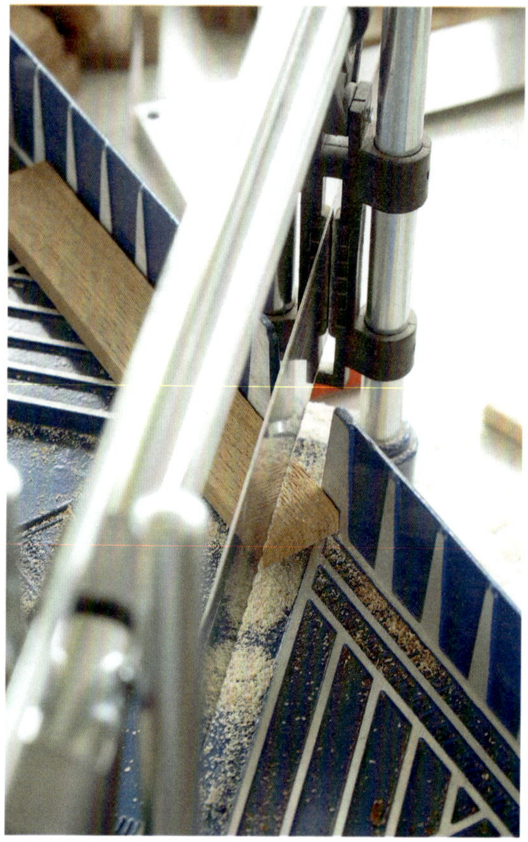

GEHRUNGSLADE

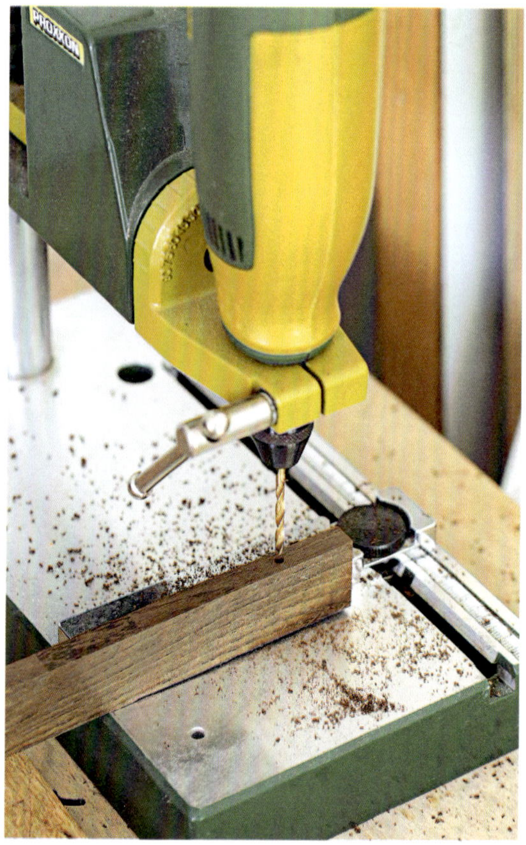

BOHRSTÄNDER

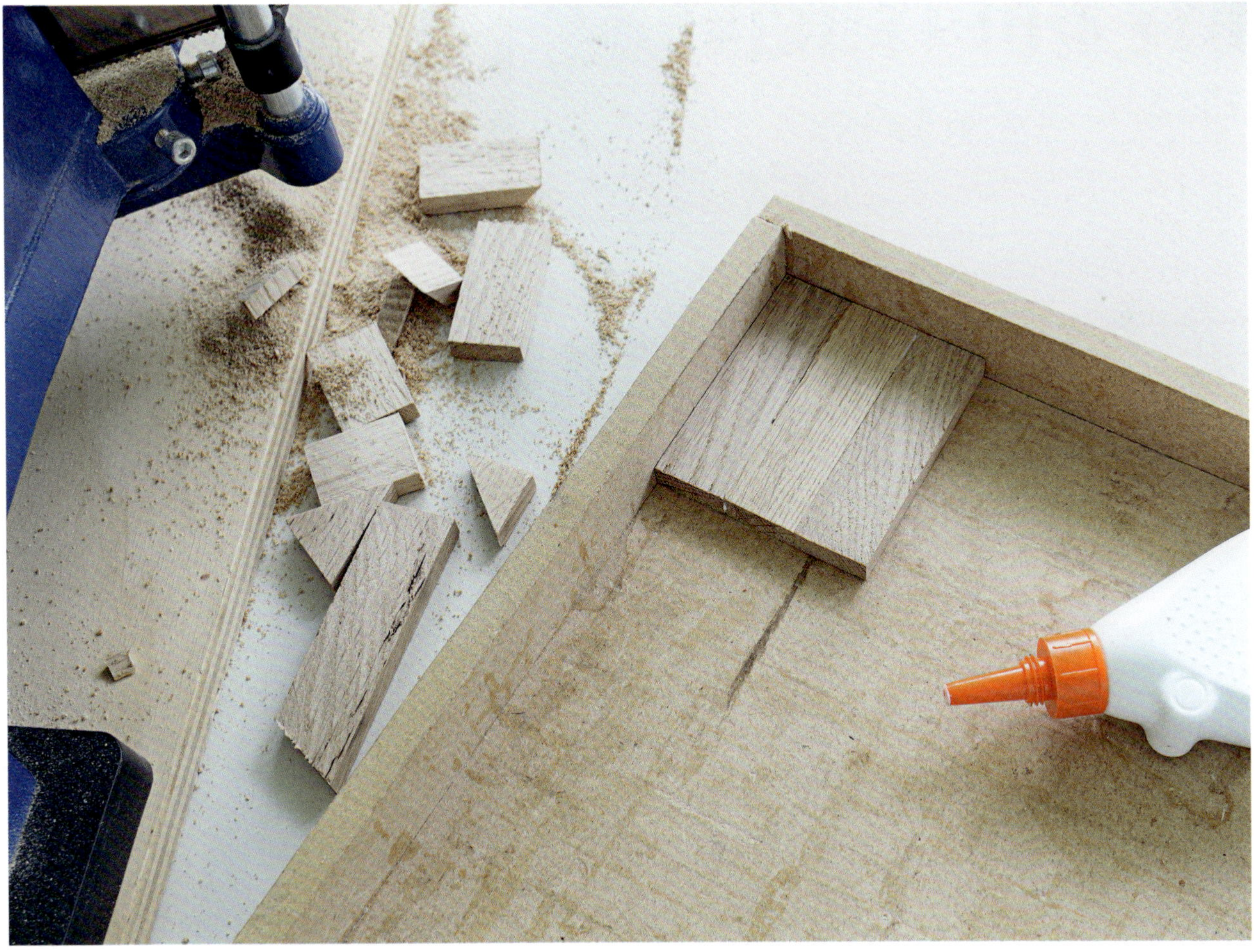

MONTAGEPLATTE

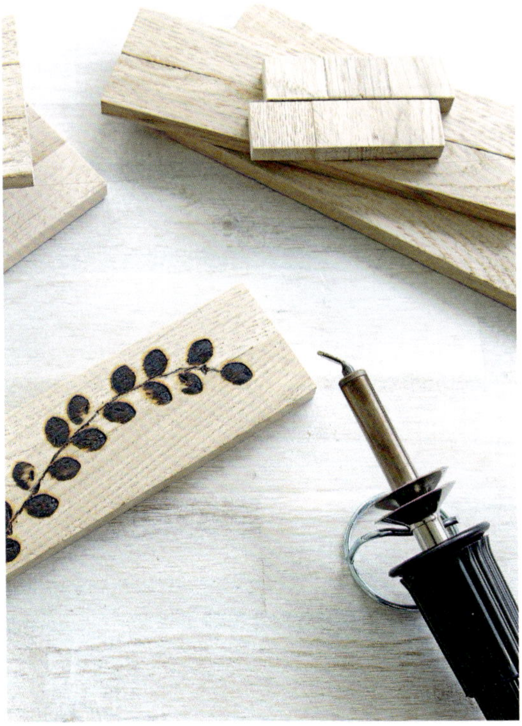

BRANDMALKOLBEN

Für einige Projekte benötigt man zusätzliches Werkzeug. Wie zum Beispiel eine Heißklebepistole (Übertopf Seite 90) oder einen Brandmalkolben (Mini-Memory Seite 56).

In der Material- und Werkzeugliste sind die jeweiligen Werkzeuge als kleine Icons aufgeführt.

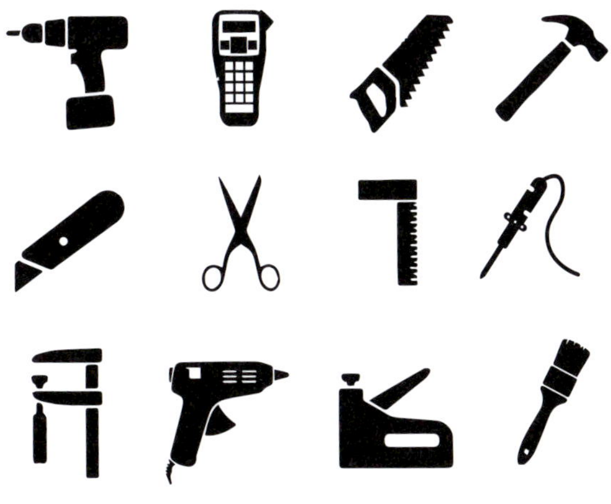

HOLZ BEARBEITEN

Die Easy Sticks sind an sich schon so schön, dass man sie eigentlich gar nicht bearbeiten muss. Aber natürlich bleibt es jedem selbst überlassen, wie sein Projekt am Ende ausschauen sollen. Man kann es mit **Farbe oder Lack** streichen, beizen, lasieren, ölen oder mit Politur bearbeiten. Ganz nach Geschmack.

Wer seine Projekte richtig schützen möchte, kann dafür das **Easy-Sticks-Schutzöl** verwenden. Das ist ein Arbeitsplattenöl, das tief in das Holz eindringt und es vor Wasserflecken, Schmutz und Abrieb schützt. (eine kleine Dose reicht für bis zu 11 m²).

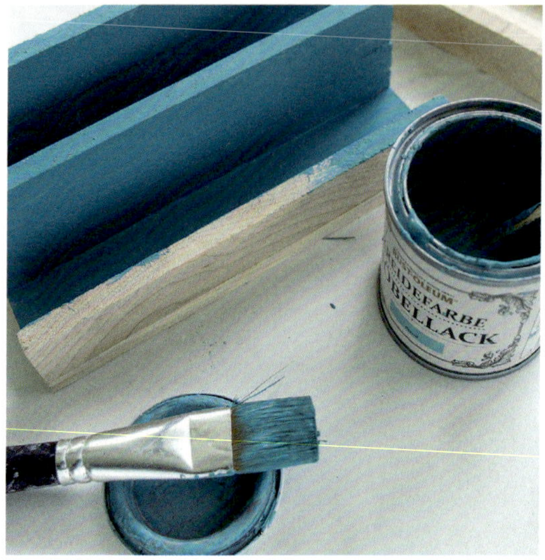

FARBIG STREICHEN

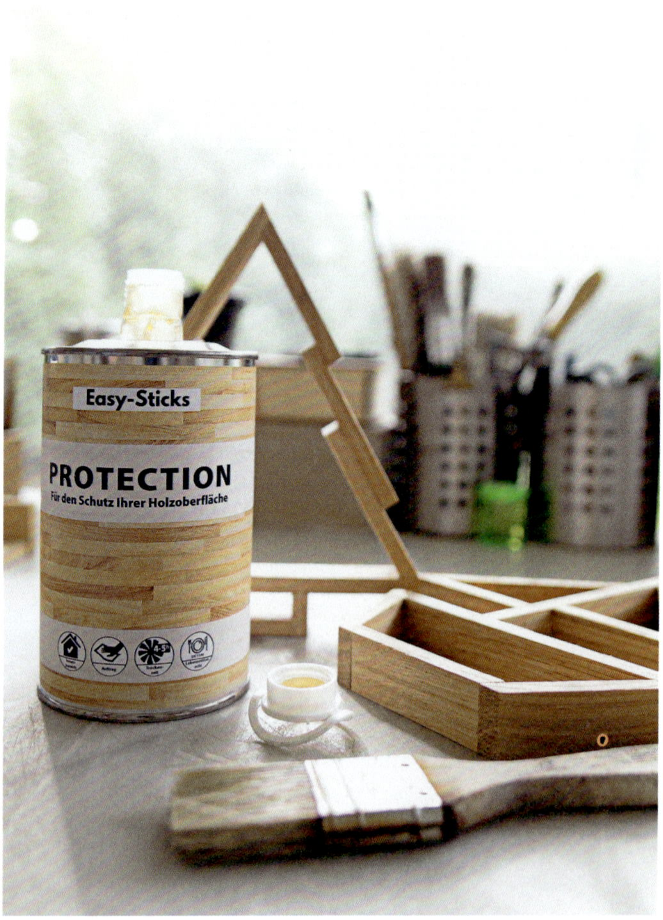

MIT EASY-STICKS-SCHUTZÖL STREICHEN

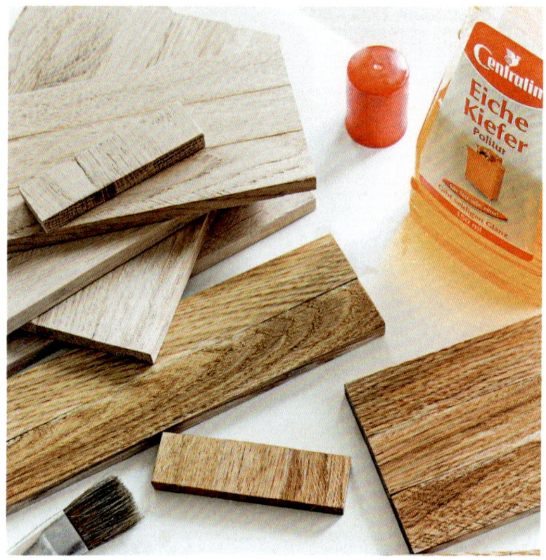

MIT POLITUR BEHANDELN

Für eine schöne Oberfläche kann man aber auch eine einfache **Politur** verwenden. Der Vorteil ist, dass sie schnell einzieht und man das Holz schneller weiterverarbeiten kann.

Eine andere Möglichkeit ist es, das Holz zu beizen. Dafür gibt es schöne fertige **Rustikalbeizen** in kleinen Mengen zu kaufen. Oder man macht sich seine eigene Beize.

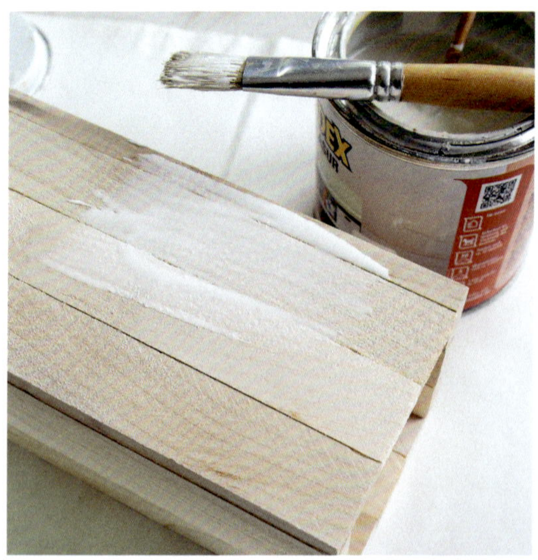

LASIEREN

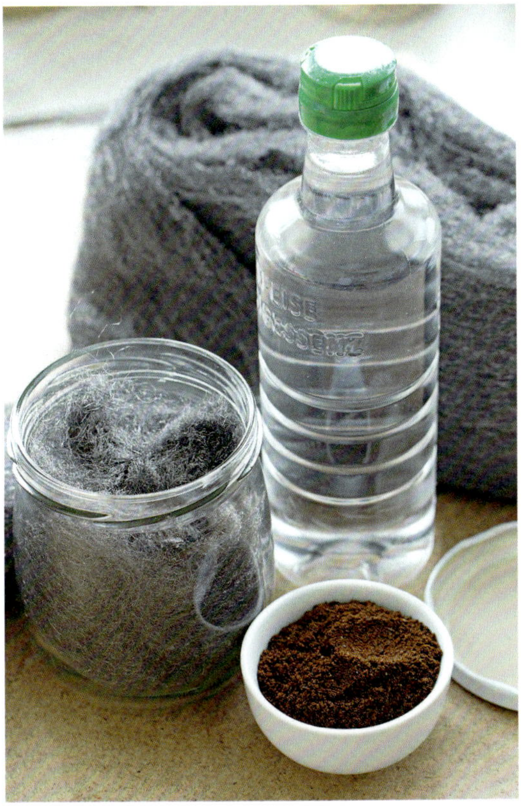

ESSIGBEIZE SELBST HERSTELLEN

ESSIGBEIZE SELBST HERSTELLEN

Man benötigt:

- 1 sauberes Glas mit Schraubverschluss
- Stahlwolle
- Haushaltsessig
- Instantkaffee (man kann auch normalen Kaffee nehmen, aber dieser löst sich nicht so gut auf)

Die Stahlwolle ein wenig auseinander rupfen und locker in das Glas drücken. Dann das Glas mit dem Essig füllen. Nicht randvoll machen, da sich der Inhalt noch etwas ausdehnt. Dann kommt noch ein Esslöffel Instantkaffee dazu. Danach verschließt man das Glas und lässt das Ganze mindestens 24 Stunden ziehen. Je länger man den Sud stehen lässt (4–5 Tage zum Beispiel), umso satter wird die Farbe. Man kann sie zwischendurch auch testen. Zuletzt nimmt man die Stahlwolle heraus und gießt alles durch einen Filter (Tee- oder Kaffeefilter). Fertig ist die Beize.

Die endgültige Farbe auf dem Holz ist erst sichtbar, wenn die Beize vollständig getrocknet ist. Da verschiedene Holzarten unterschiedlich auf die Beize reagieren, sollte man immer vorab einen Test machen. Manchmal muss man die Beize auch noch mal etwas mit Wasser verdünnen, um die Intensität zu ändern.

EIN PAAR BEISPIELE

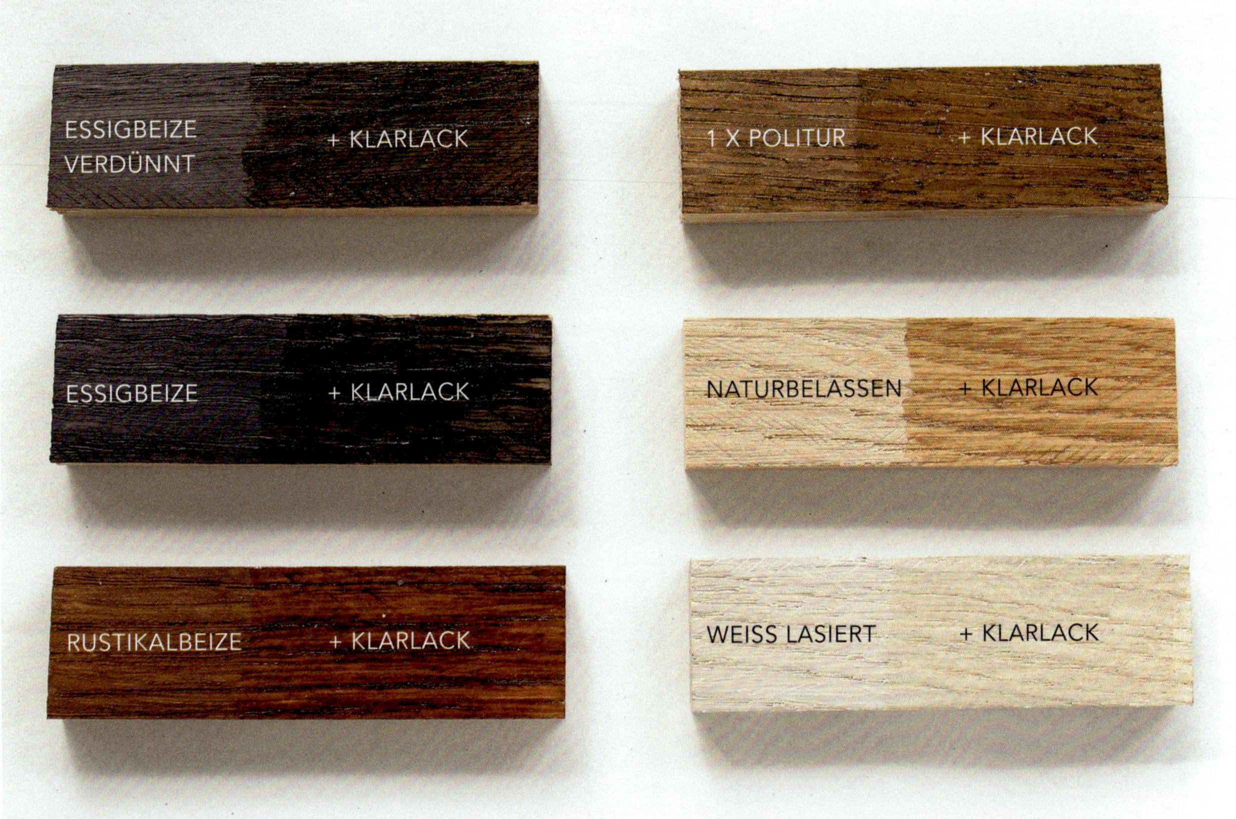

1-4
EASY STICKS

EIN PROJEKT MIT NUR EINEM ODER ZWEI EASY STICKS?
KEIN PROBLEM. EIN BISSCHEN SÄGEN, EIN BISSCHEN KLEBEN
UND SCHON SIND EIN PAAR COOLE PROJEKTE FERTIG.

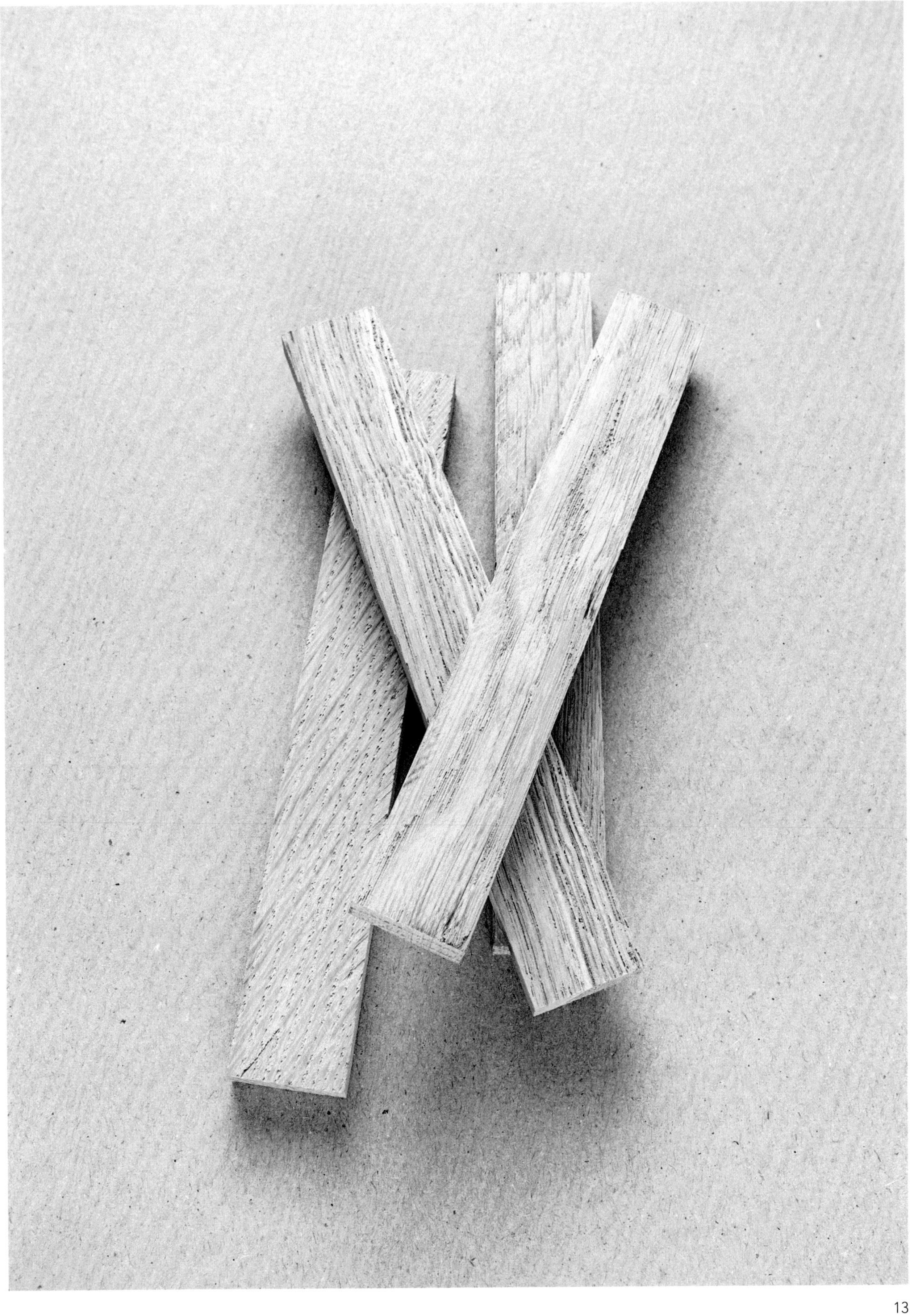

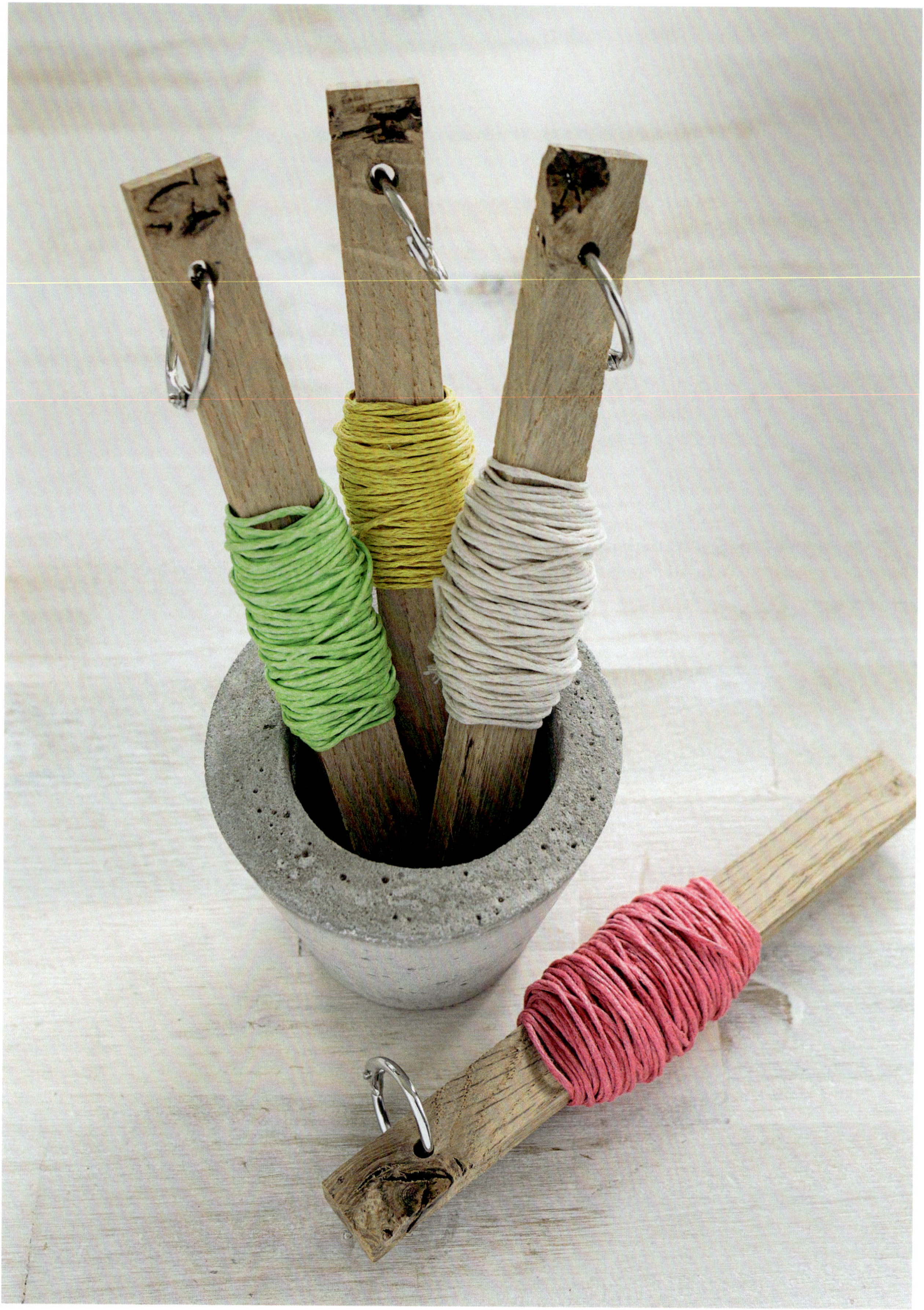

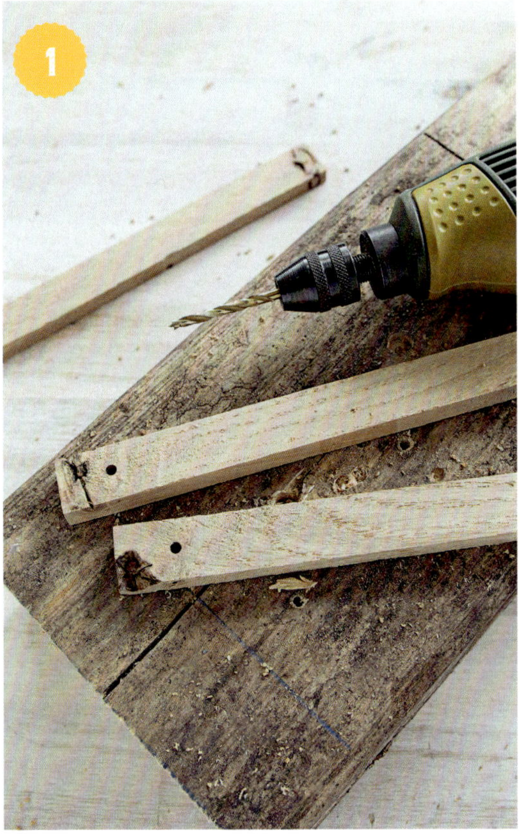

GARNSPULEN

FÜR EIN BISSCHEN MEHR ORDNUNG IN DER GARNKISTE BRAUCHT ES GAR NICHT VIEL. EIN EASY STICK, EIN LOCH, EIN RING – FERTIG IST DAS DING!

Und so geht's:

1. Einfach an einem Ende des Easy Stick Small ein Loch bohren.

2. Den Buchring öffnen, durch das Loch stecken und schließen.

3. Jetzt die losen Garne oder Bänder um den Easy Stick Small wickeln. Wer mag, kann auch mehrere Spulen noch einmal mit einem Ring zusammenfassen.

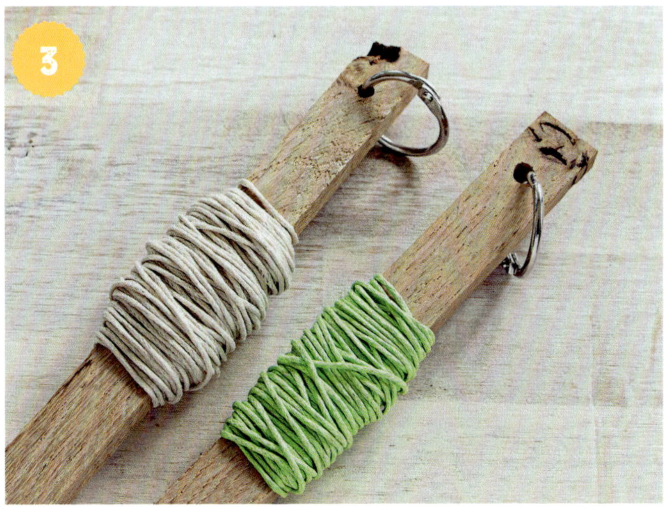

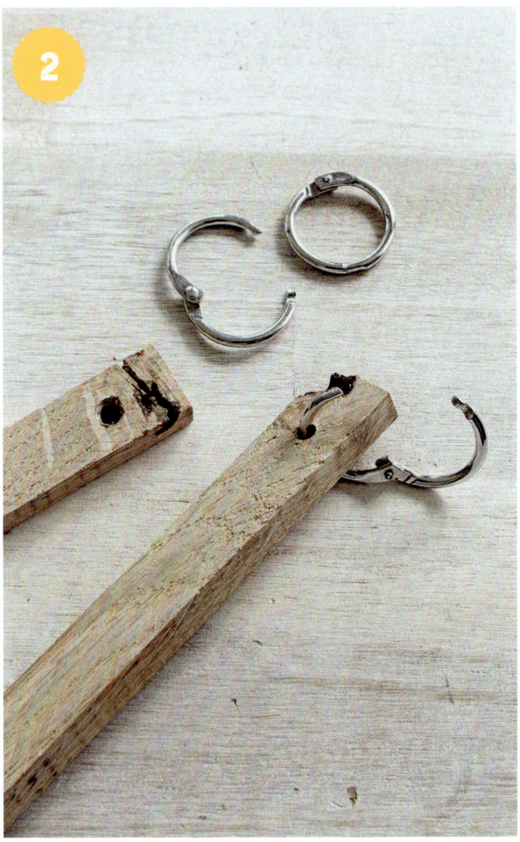

Material & Werkzeug:

1 EASY STICK, BOHRER, BUCHRINGE

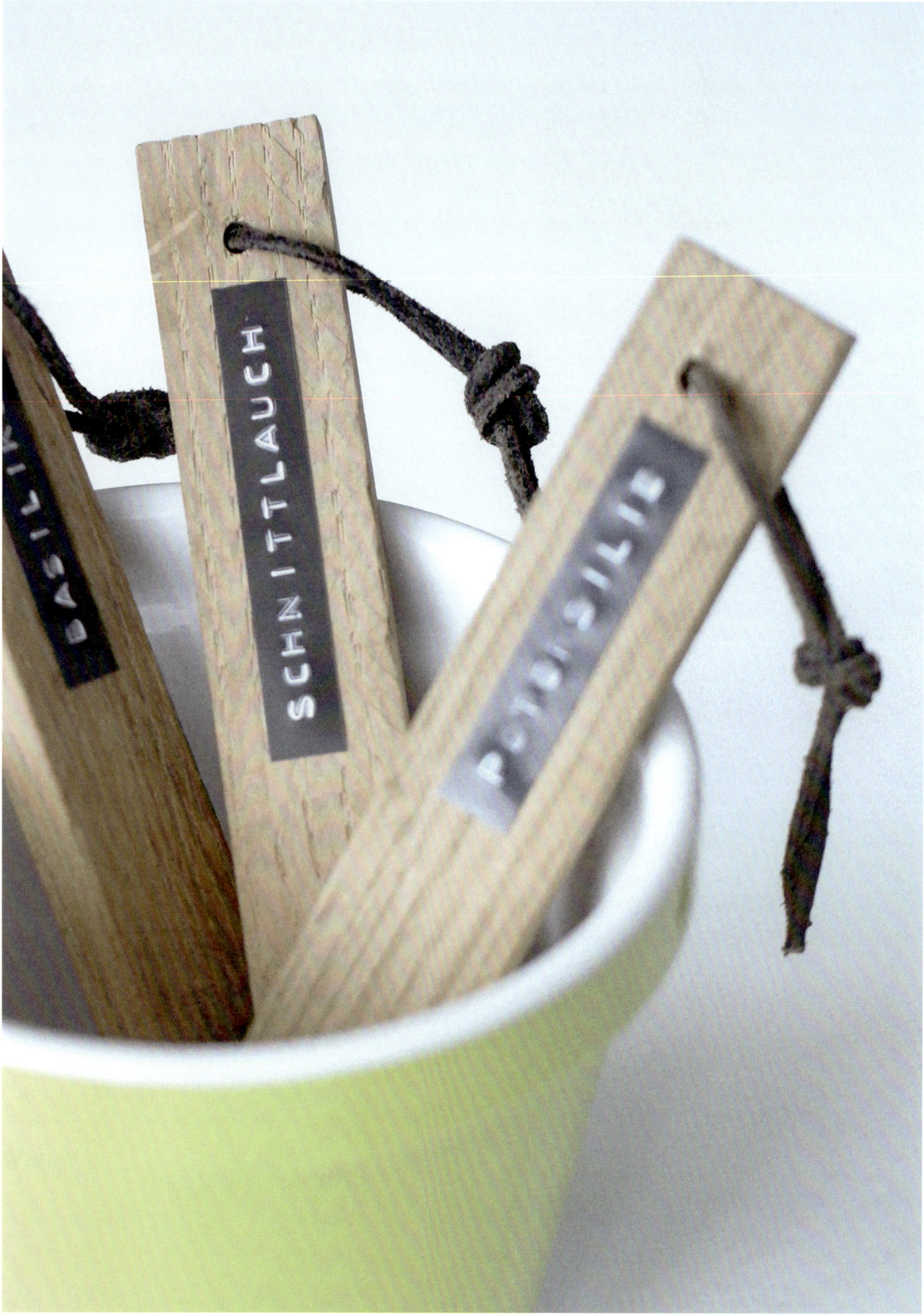
SCHNITTLAUCH

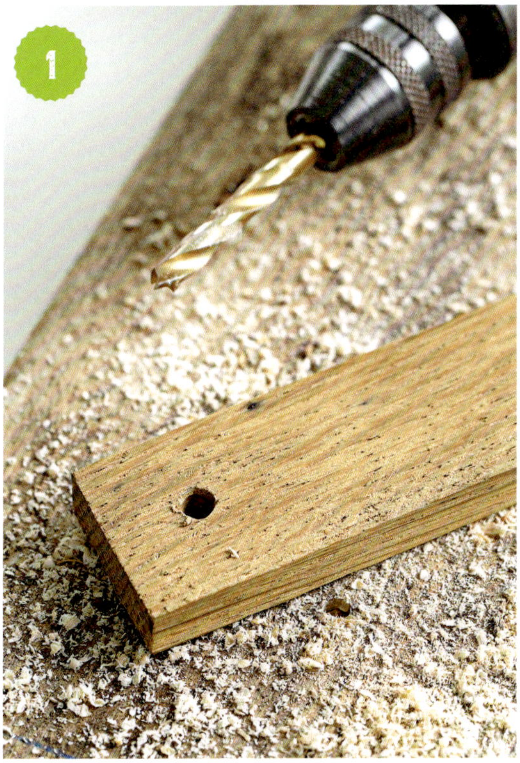

PFLANZENSTECKER

PRAKTISCHE PFLANZENSTECKER FÜRS GRÜNZEUG DRAUSSEN IM GARTEN ODER IM BLUMENTOPF IN DEN EIGENEN VIER WÄNDEN. SO WEISS MAN IMMER, WAS EINEM BLÜHT.

Und so geht's:

1. Eine Ecke des Easy Sticks wird schräg abgeschnitten und anschließend glatt geschmirgelt. Den Winkel kann man frei wählen. Je spitzer, um so besser lässt er sich in die Erde stecken. Dazu kann man eine Gehrungslade/Gehrungssäge verwenden. Dann sind die Schnitte immer gleichmäßig.

2. Dann mit einem Bohrer in das andere Ende ein Loch bohren. Der Durchmesser ist abhängig von der Schnur, die man verwendet.

3. Die Schnur, z.B. eine Lederschnur, einfädeln und fest verknoten. Mit einem Etikettierer nun für jeden Pflanzenstecker ein kleines Etikett drucken und auf die Easy Sticks kleben.

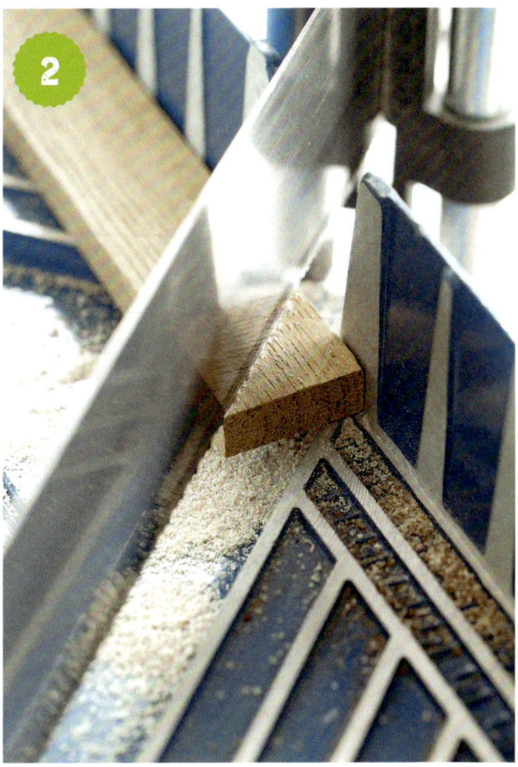

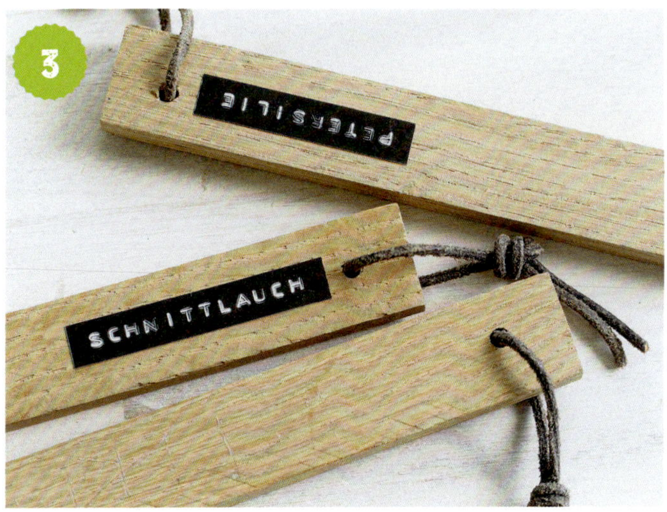

Material & Werkzeug:

1 EASY STICK, SÄGE, GEHRUNGSLADE, SCHMIRGELPAPIER, BOHRER, ETIKETTIERER, LEDERBAND

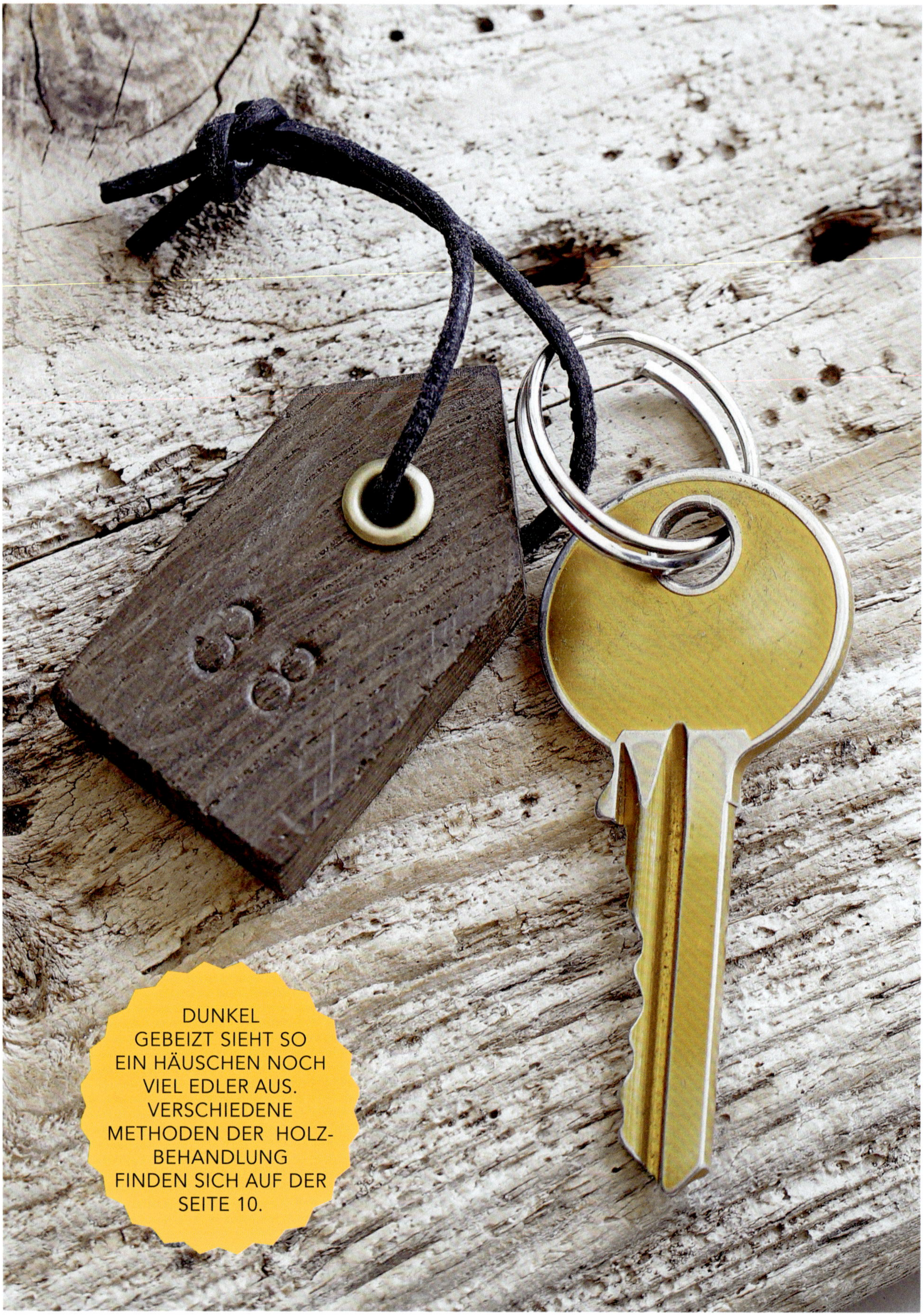

DUNKEL GEBEIZT SIEHT SO EIN HÄUSCHEN NOCH VIEL EDLER AUS. VERSCHIEDENE METHODEN DER HOLZBEHANDLUNG FINDEN SICH AUF DER SEITE 10.

SCHLÜSSELANHÄNGER

HAUSTÜRSCHLÜSSEL? ERKENNT MAN AM KLEINEN HÄUSCHEN. SO GIBT ES KEINE VERWECHSLUNG BEIM SCHNELLEN GRIFF ZUM SCHLÜSSEL.

Und so geht's:

1. Am leichtesten ist es, zunächst das Dach zu sägen. Dazu am oberen Ende des Easy Sticks die Mitte markieren und von beiden Seiten einen 45° Grad Winkel sägen. Dann erst das Haus in der gewünschten Länge absägen.

2. Im oberen Teil ein Loch für die Kordel oder den Schlüsselring bohren.

3. Zum Individualisieren kann man mit Schlagstempeln Buchstaben einschlagen. Zur Verkleidung des Bohrloches steckt man von beiden Seiten kleine Hohlnieten in die Löcher.

4. Alternativ lässt sich das Holz auch mit dem Brandmalkolben bearbeiten.

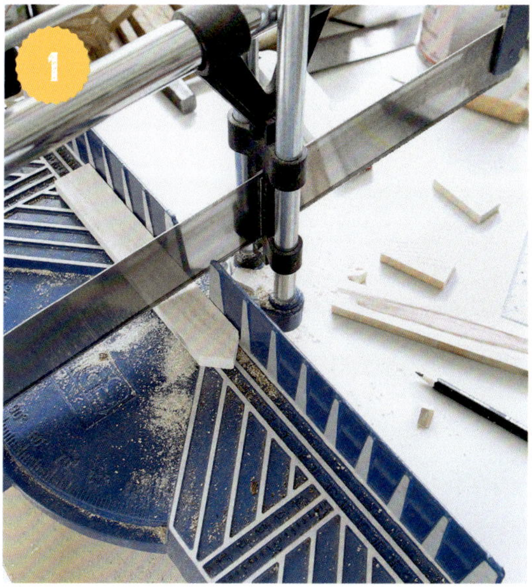

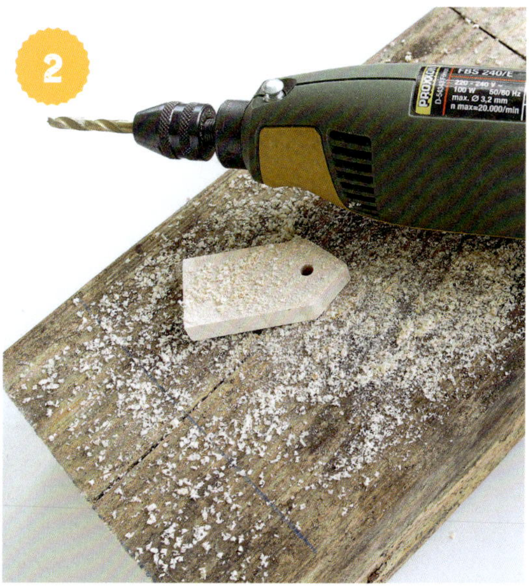

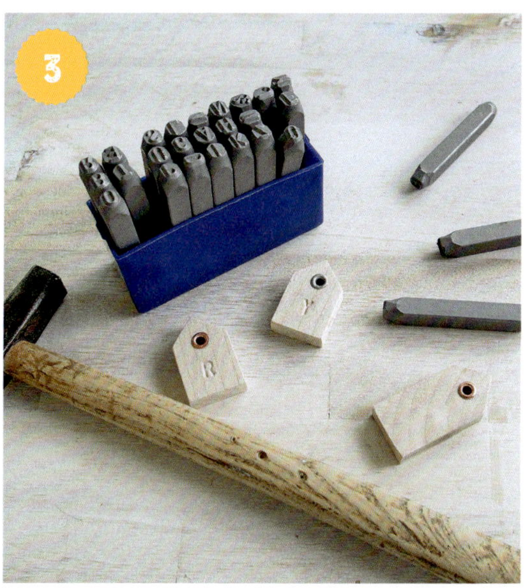

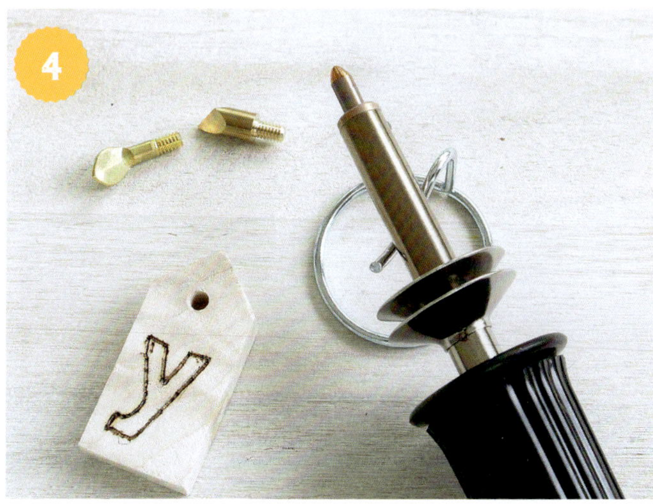

Material & Werkzeug:

1 EASY STICK, SÄGE, GEHRUNGSLADE, SCHMIRGELPAPIER, BOHRER, NIETEN, SCHLAGBUCHSTABEN, (ALTERNATIV BRANDMALKOLBEN), HAMMER, SCHNUR

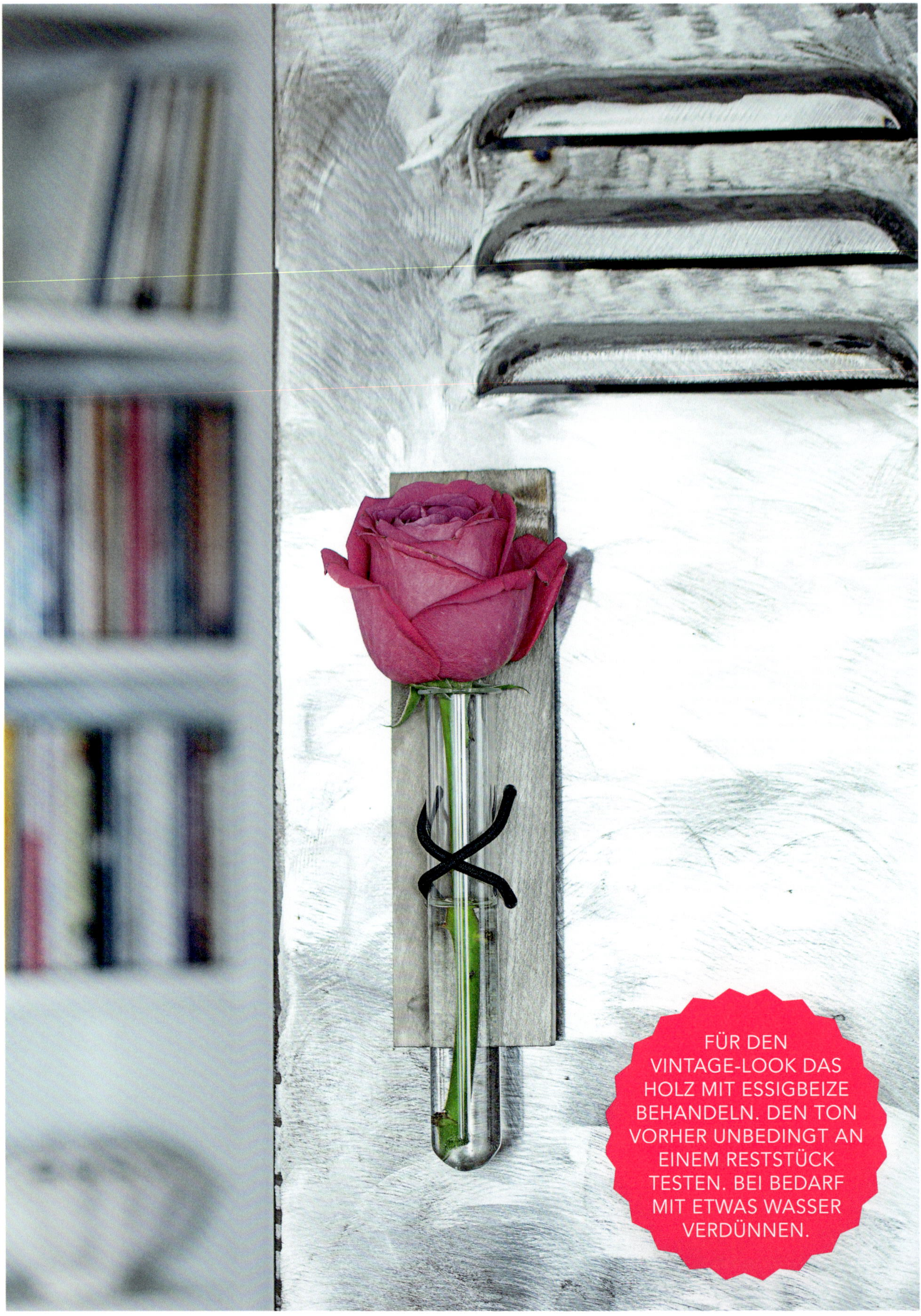

FÜR DEN VINTAGE-LOOK DAS HOLZ MIT ESSIGBEIZE BEHANDELN. DEN TON VORHER UNBEDINGT AN EINEM RESTSTÜCK TESTEN. BEI BEDARF MIT ETWAS WASSER VERDÜNNEN.

MAGNET-VASE

OB AN DER PINWAND ODER DEM KÜHLSCHRANK ODER AN ALLEM WAS IRGENDWIE MAGNETISCH IST. EIN KLEINES BLÜMCHEN MACHT DEN TAG DOCH GLEICH VIEL SCHÖNER.

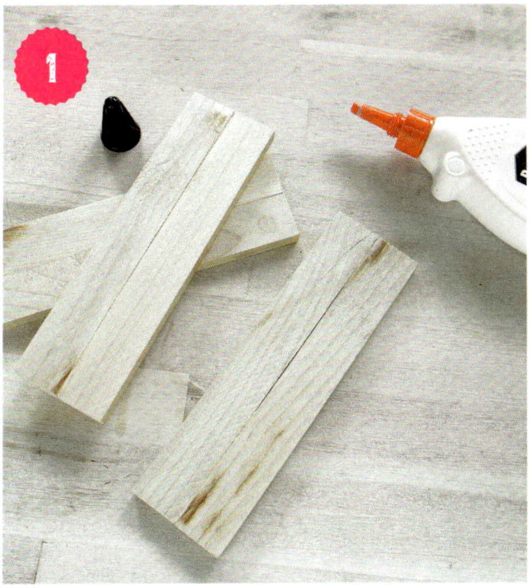

Und so geht's:

1. Für eine Magnet-Vase benötigt man nur 2 Easy Sticks, die man mit Holzleim aneinander klebt.

2. Für das Gummiband müssen 4 Löcher in das untere Drittel gebohrt werden.

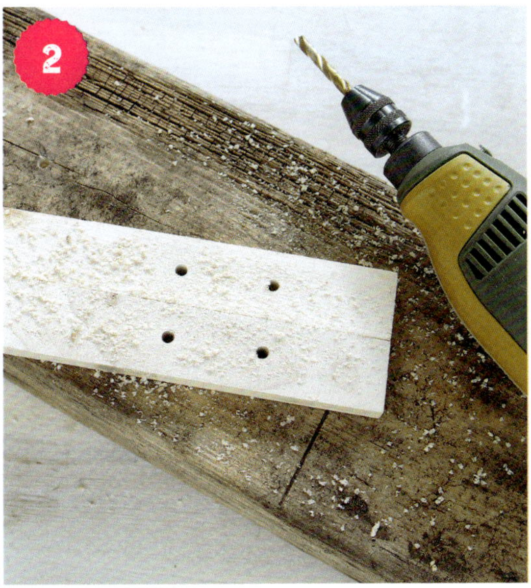

3. Auf der Rückseite klebt man mit einem starken Kleber einen Magneten an.

4. Dann das Gummiband einfädeln. Über kreuz oder parallel, ganz wie man mag. Auf der Rückseite verknoten und anschließend das Reagenzglas zwischen das Gummi schieben.

Für einen coolen Vintage-Effekt kann man den Halter mit Essigbeize behandeln. Die Anleitung für die Essigbeize befindet sich auf Seite 11.

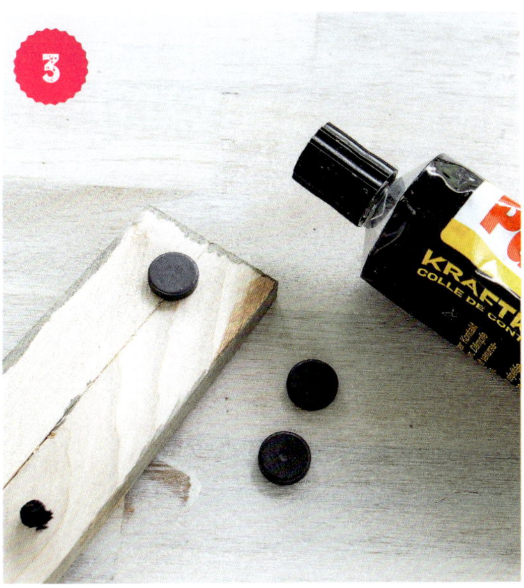

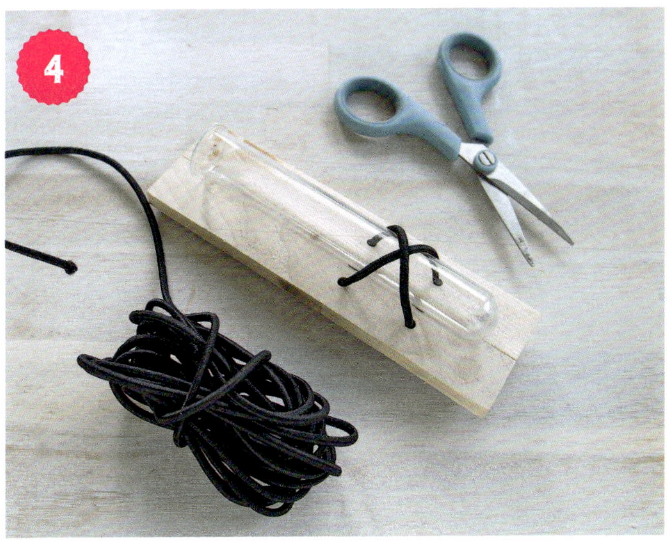

Material & Werkzeug:

2 EASY STICKS, HOLZLEIM, BOHRER, SCHERE, GUMMIBAND, REAGENZGLAS

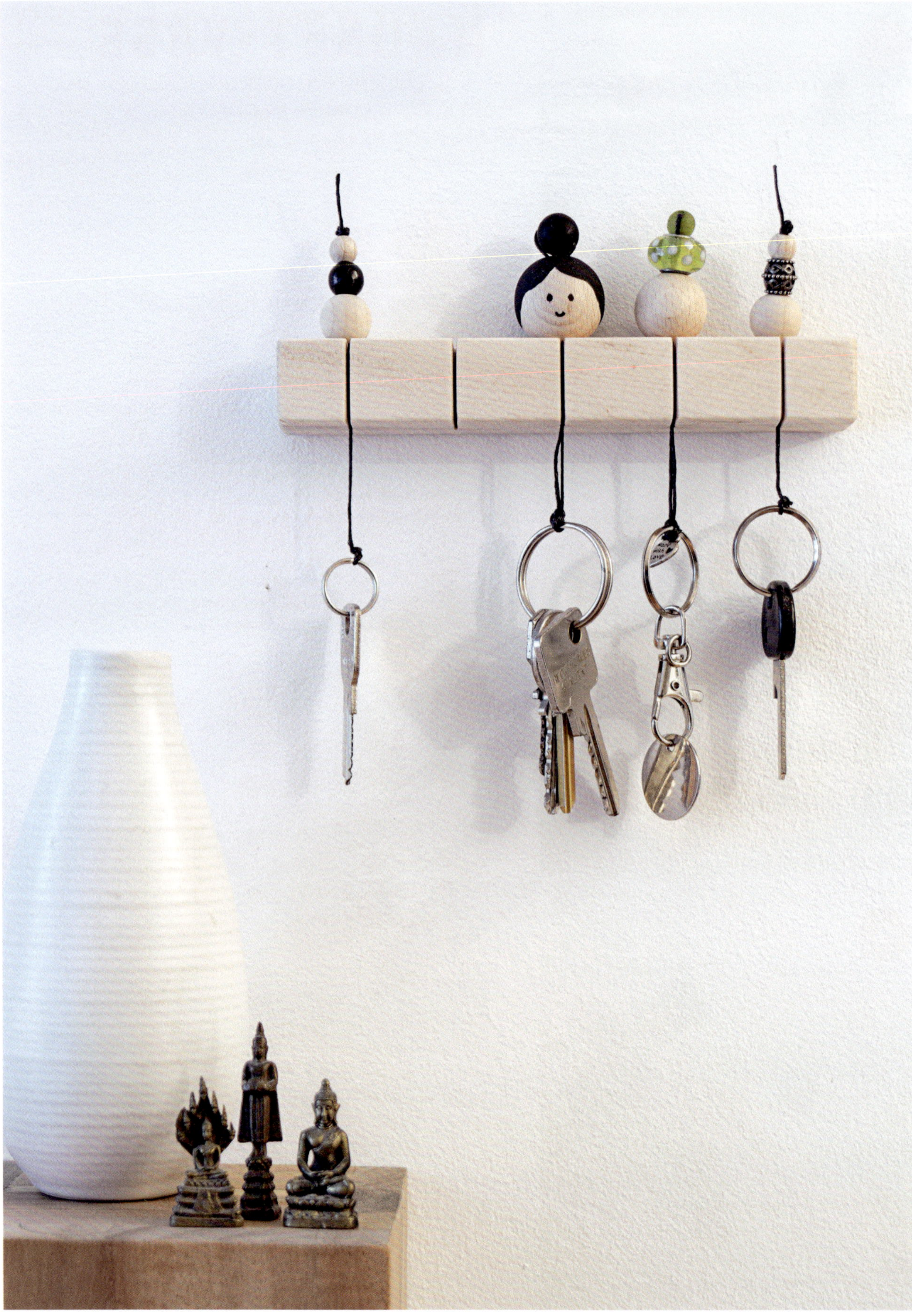

SCHLÜSSELHALTER

HAUSTÜRSCHLÜSSEL, AUTOSCHLÜSSEL, FAHRRAD-SCHLÜSSEL, KELLERSCHLÜSSEL, BÜROSCHLÜSSEL ... ALLES AN SEINEM PLATZ!

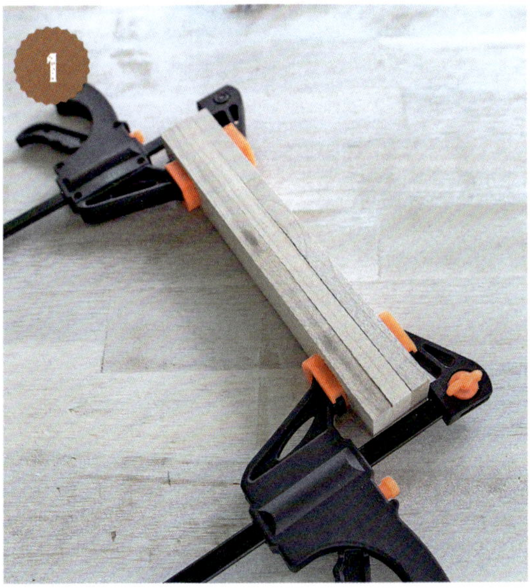

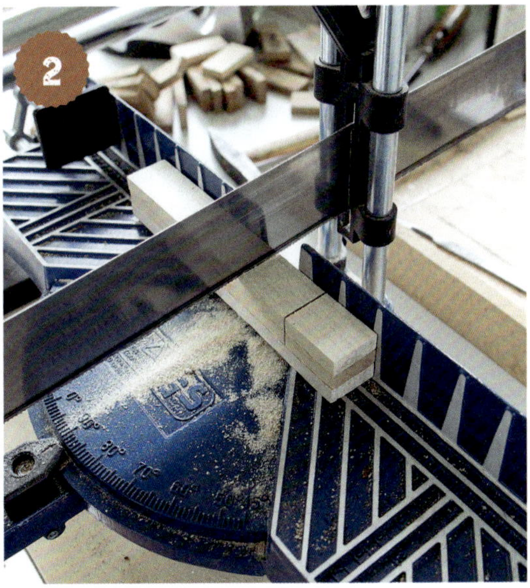

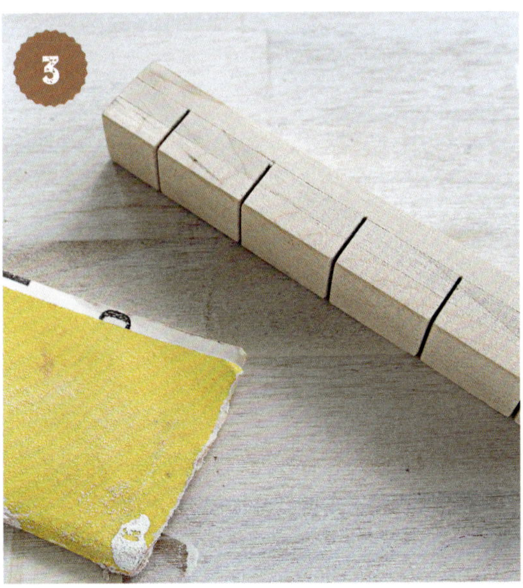

Und so geht's:

1. Zunächst werden 3 Klötzchen aufeinandergeklebt. Am besten mit einer Schraubzwinge oder -klemme zuammenhalten, bis der Kleber richtig gut ausgetrocknet ist.

2. Dann werden die Schlitze gesägt. Dabei 2 Klötzchenstärken durchsägen.

3. Die Schlitze und den ganzen Klotz anschließend mit Schmirgelpapier bearbeiten. Die Ecken schön abrunden und auch die Schlitze ein wenig abrunden und sauber ausschmirgeln.

4. Aufhängen lässt sich dieses kleine Schlüsselboard mit knetbarem Klebegummi. Da muss man keine Löcher bohren oder Nägel in die Wand hauen. Und vielleicht kann man auch mal den Platz wechseln.

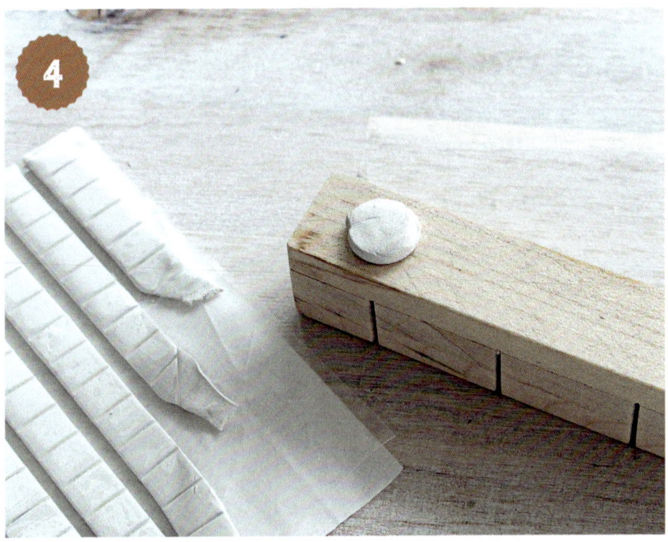

Material & Werkzeug:

3 EASY STICKS, SÄGE, HOLZLEIM, SCHMIRGELPAPIER, KLEMMZWINGEN, KLEBEPADS

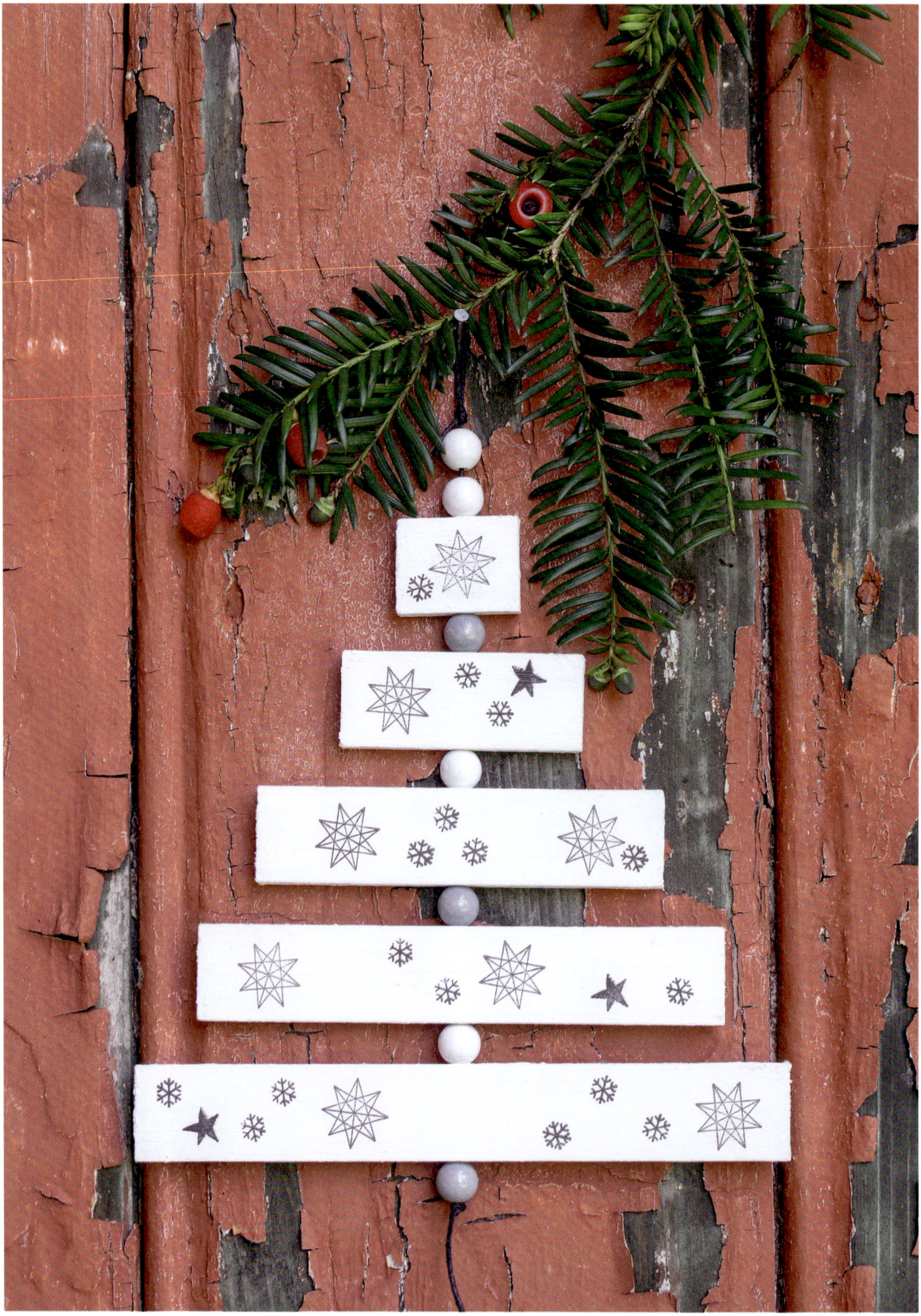

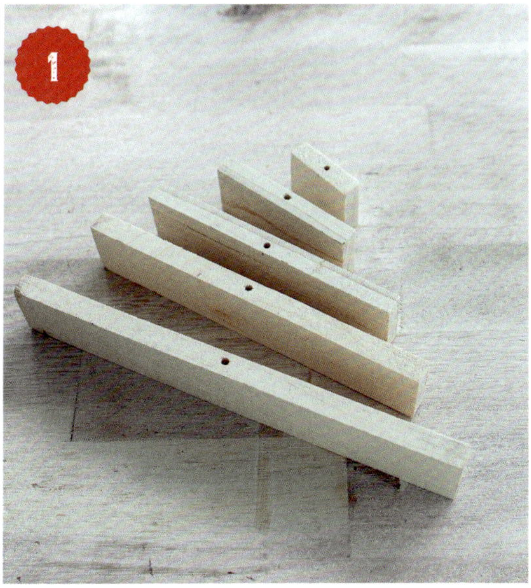

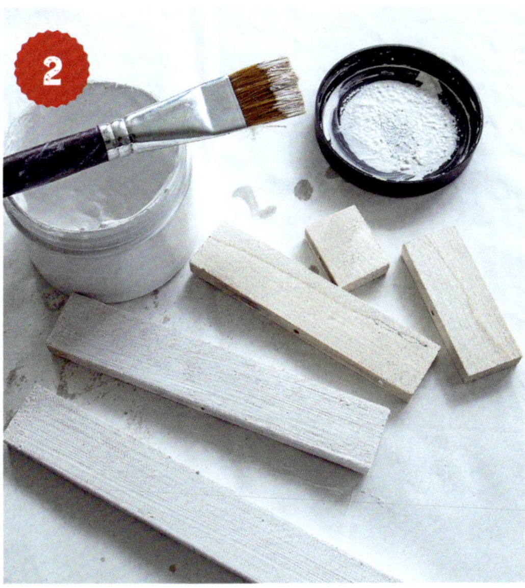

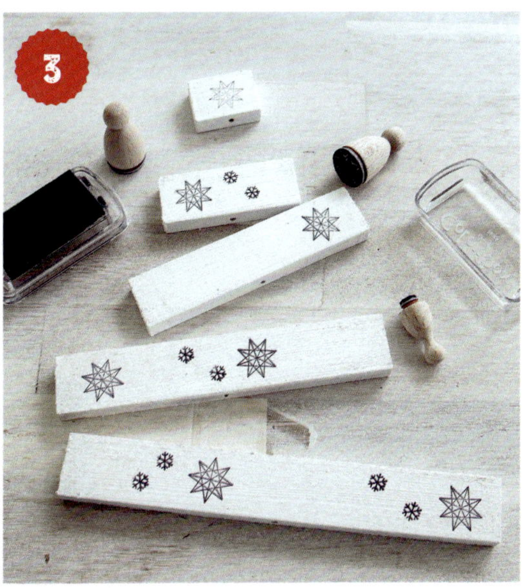

WEIHNACHTSBAUM

AUS NUR DREI KLEINEN EASY STICKS WIRD EIN GANZER BAUM – EIN WEIHNACHTSBAUM.

Und so geht's:

1. Das erste Easy Stick bleibt komplett. Vom zweiten sägt man 3 cm ab – so erhält man zusätzlich ein Teil von 13 cm Länge. Vom dritten Easy Stick sägt man 6 cm ab und erhält zusätzlich ein Teil von 10 cm Länge. Alle Schnitte glatt schmirgeln und anschließend an der schmalen Seite durchbohren. Das geht am besten in einem Bohrständer. So wird es gleichmäßiger.

2. Anschließend kann man die einzelnen Easy Sticks mit weißer Acrylfarbe anpinseln und erst einmal trocknen lassen. Dann die Rückseite anmalen.

3. Nach dem Trocknen versieht man die einzelnen Easy Sticks mit kleinen Stempelmotiven.

4. Zum Schluss wird das Bäumchen aufgefädelt. Dabei zwischen den einzelnen Easy Sticks immer eine Perle auffädeln. Die Enden verknoten. Oben eine Schlaufen zum Aufhängen binden.

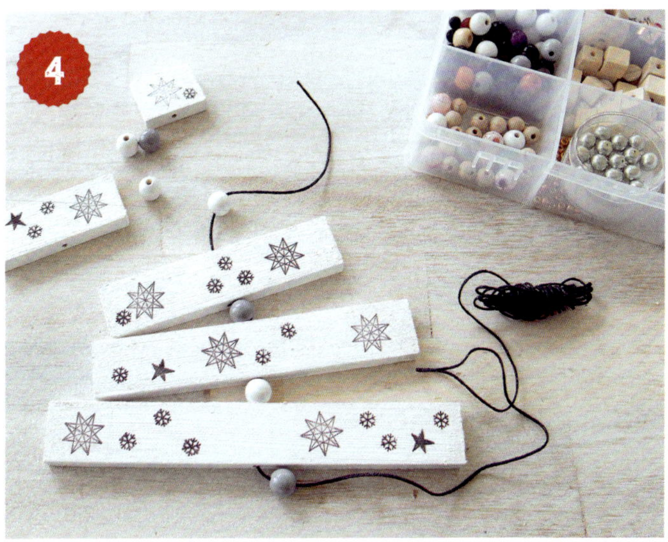

Material & Werkzeug:

3 EASY STICKS, SÄGE, SCHMIRGELPAPIER, BOHRER, FARBE, PINSEL, SCHNUR, PERLEN, STEMPEL, STEMPELFARBE

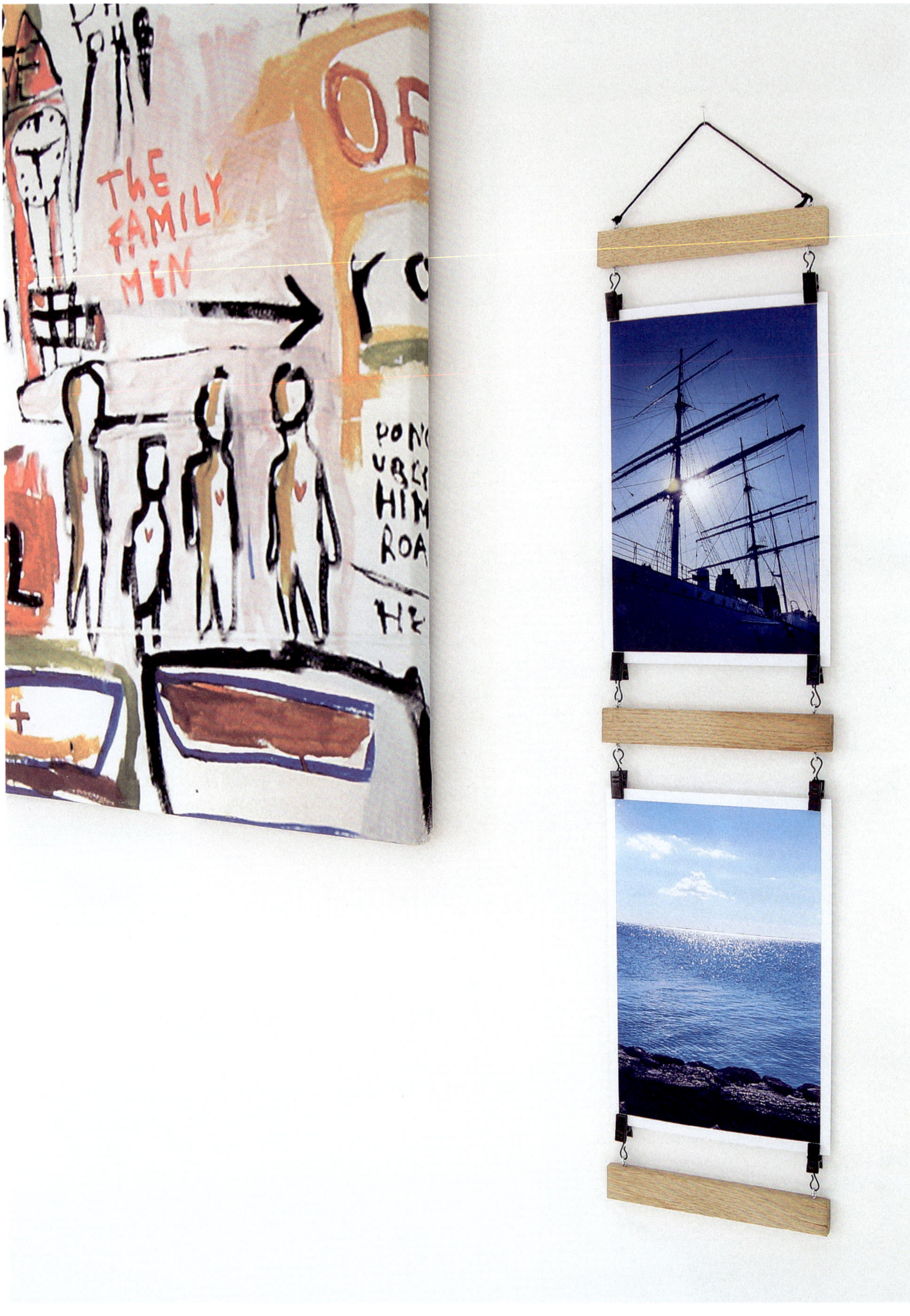
THE FAMILY MEN

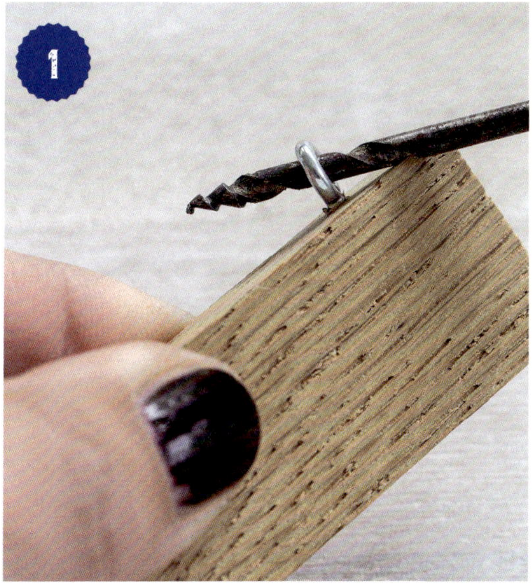

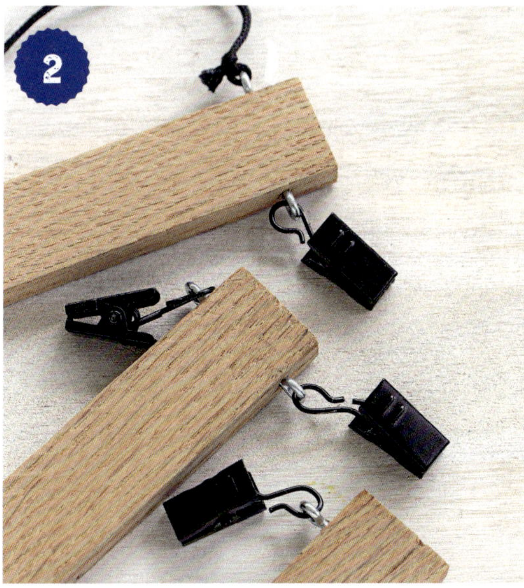

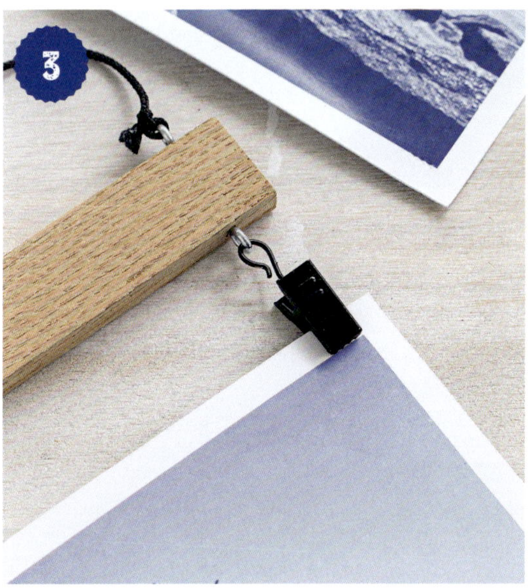

FOTO-HÄNGER

BILDER MÜSSEN NICHT IMMER GERAHMT WERDEN. ANKLIPSEN WAS MAN WILL, WANN MAN WILL, SO OFT WIE MAN WILL. NACH LUST UND LAUNE ...

Und so geht's:

1. Für den Hänger werden einfach nur die Ringschrauben in die Easy Sticks gedreht. Wem es mit den Fingern zu schwer geht, nimmt man sich ein Hilfsmittel zum Drehen.

2. Am oberen und mittleren Hölzchen werden oben und unten jeweils 2 Ringschrauben eingedreht. An den oberen Schrauben befestigt man eine Schnur zum Aufhängen. Der unterste Easy Stick erhält nur auf einer Seite Schrauben und dient eher als Gewicht, damit die Fotos gerade hängen.

3. Nun einfach passende Fotos mit den Klemmen befestigen. Wer Platz hat, kann natürlich auch noch mehrere Easy Sticks untereinander basteln.

Material & Werkzeug:

3 EASY STICKS, 10 RINGSCHRAUBEN, 8 KLEMMHAKEN, SCHNUR

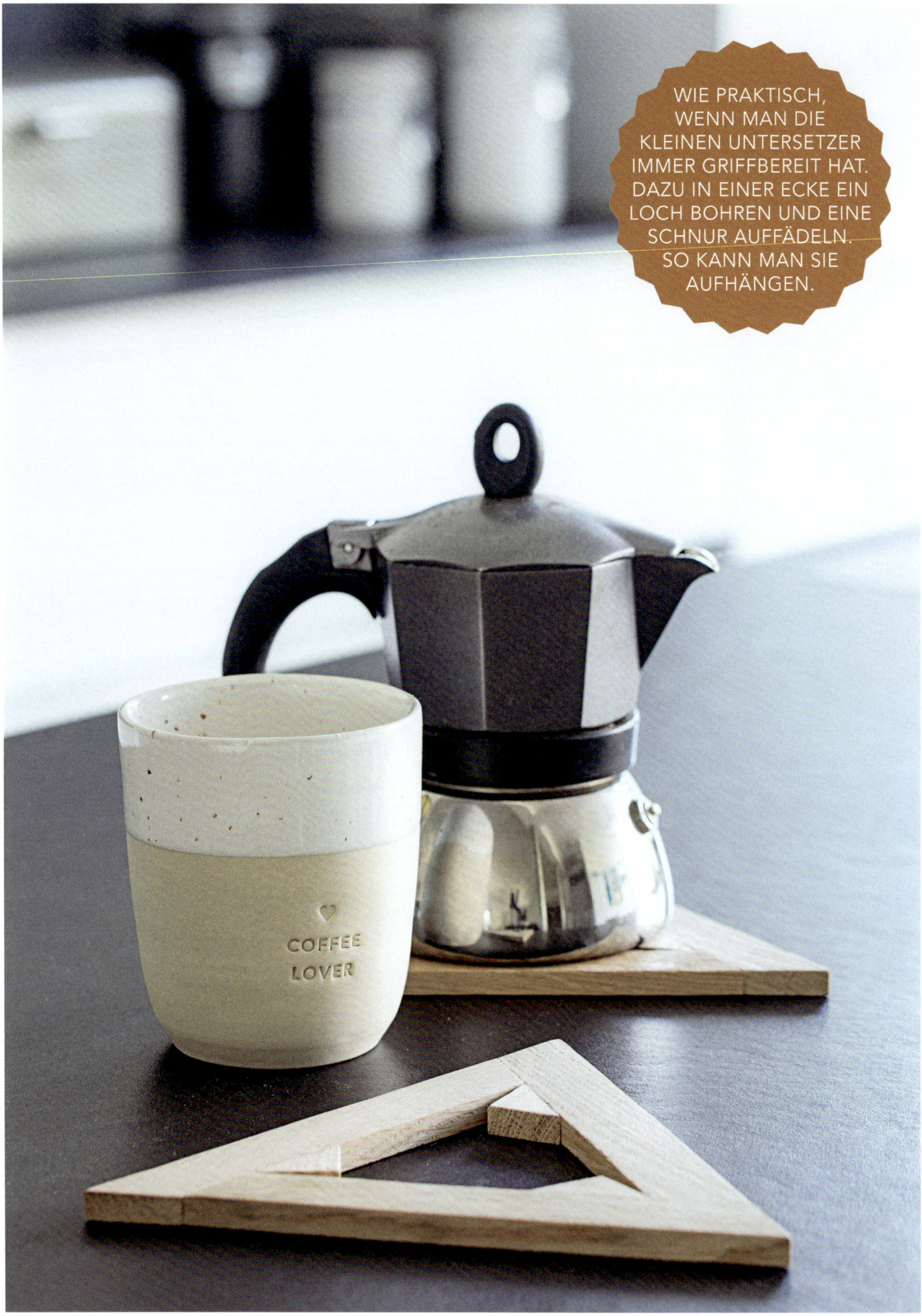

WIE PRAKTISCH, WENN MAN DIE KLEINEN UNTERSETZER IMMER GRIFFBEREIT HAT. DAZU IN EINER ECKE EIN LOCH BOHREN UND EINE SCHNUR AUFFÄDELN. SO KANN MAN SIE AUFHÄNGEN.

COASTERS

BLOSS KEINE FLECKEN AUF DEM NEUEN TISCH. UND ÜBERHAUPT: EMPFINDLICHE OBERFLÄCHEN SOLLTE MAN SCHÜTZEN. DA KANN MAN GAR NICHT GENUG KLEINE UNTERSETZER HABEN.

Und so geht's:

1. Die Kanten der Easy Sticks sägt man im Winkel von 60° Grad zurecht und schmirgelt sie glatt.

2. Man benötigt drei gleich lange Hölzchen.

3.- 4. Diese klebt man wie in Abb. 3 zusammen. So könnte man den Untersetzter bereits verwenden. Wer noch kleine Rechtecke von einer anderen Arbeit übrig hat, kann diese ebenfalls verwenden und in die drei Ecken kleben. Damit es später keine Flecken und Ränder auf den Untersetzern gibt – alles mit Schutzöl bestreichen.

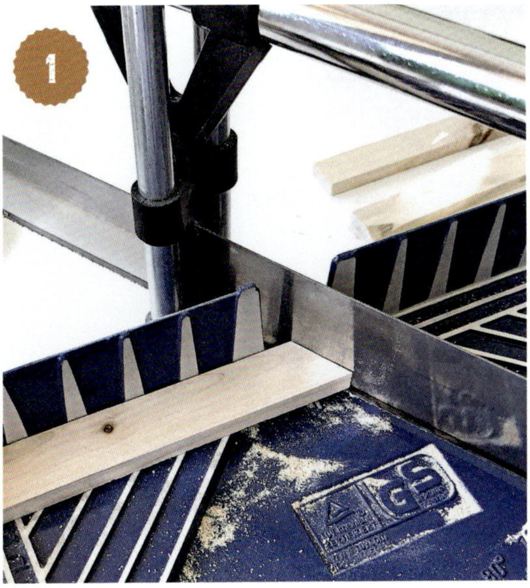

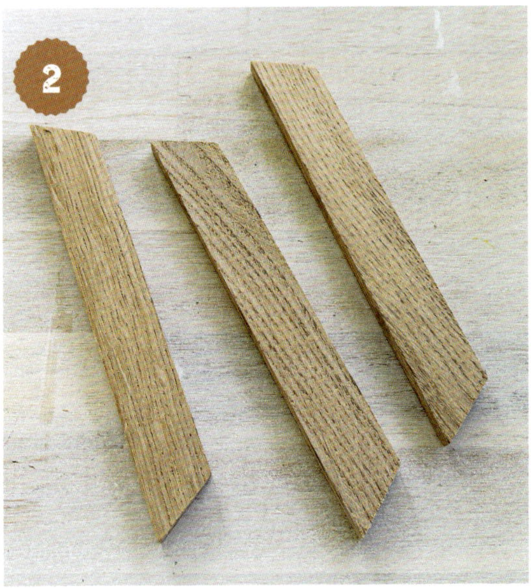

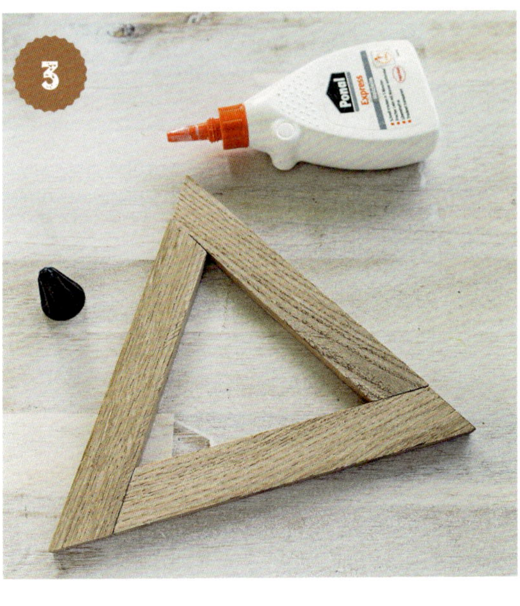

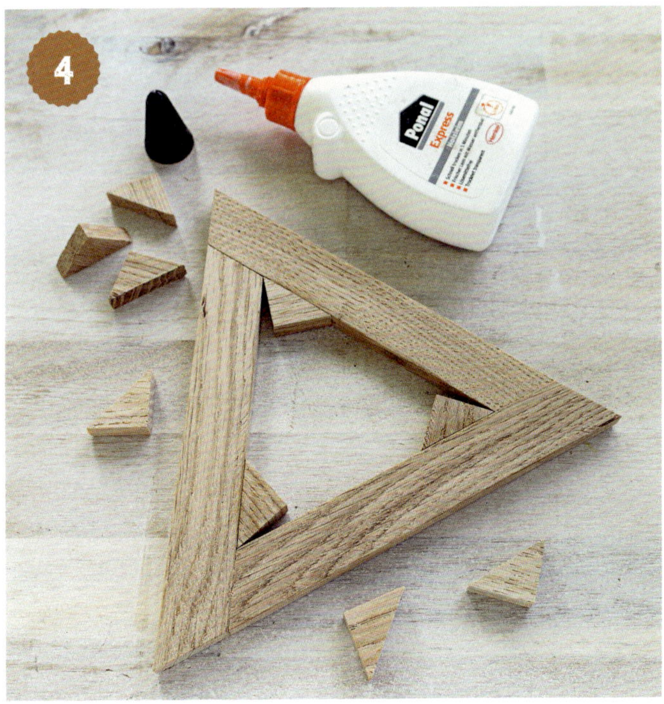

Material & Werkzeug:

3 EASY STICKS, SÄGE, HOLZLEIM, SCHMIRGELPAPIER, SCHUTZÖL, PINSEL

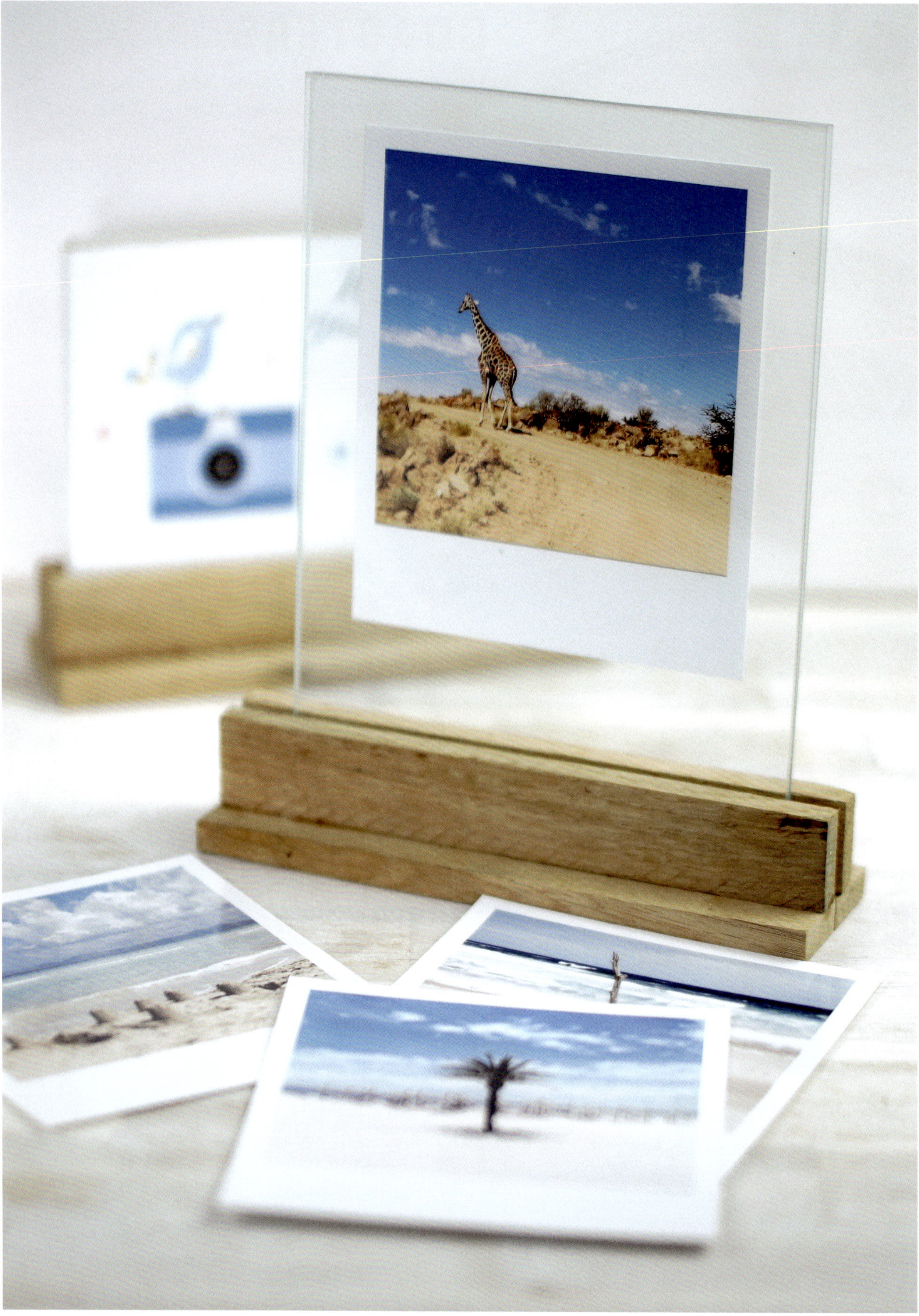

GLASRAHMENHALTER

FÜR DIE SCHÖNSTEN URLAUBSERINNERUNGEN, DEN LIEBSTEN, DIE KIDS ODER VIELLEICHT FÜR EIN PAAR HÜBSCHE GEPRESSTE BLUMEN. GLASRAHMEN SIND COOL UND LASSEN SICH STÄNDIG NEU BESTÜCKEN.

Und so geht's:

1. Für einen Rahmenhalter werden 2 Easy Sticks aneinandergeklebt.

2.– 3. Die anderen beiden Easy Sticks werden anschließend hochkant auf die kleine Platte geklebt. Der Abstand ergibt sich aus der Stärke der Glasplatten.
Achtung: Nicht zu eng kleben, da ja auch noch ein Foto dazwischen kommt!

4. Auch für gepresste Blüten ist der Glasrahmen geeignet. Dann am besten mit zwei Clips die Scheiben fixieren.

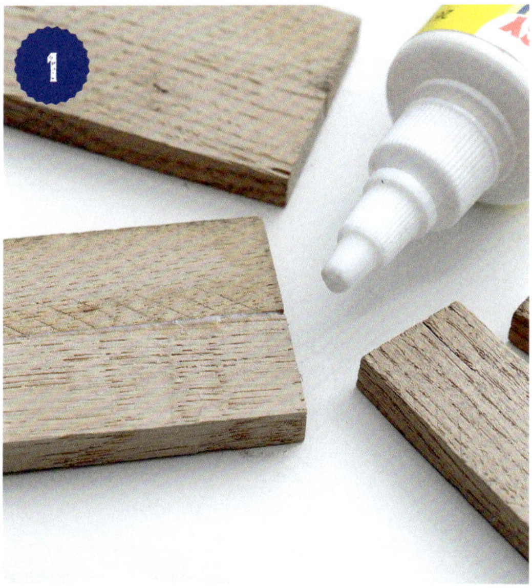

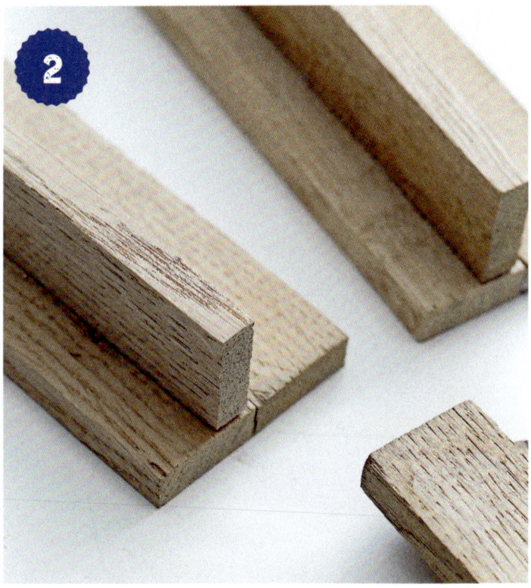

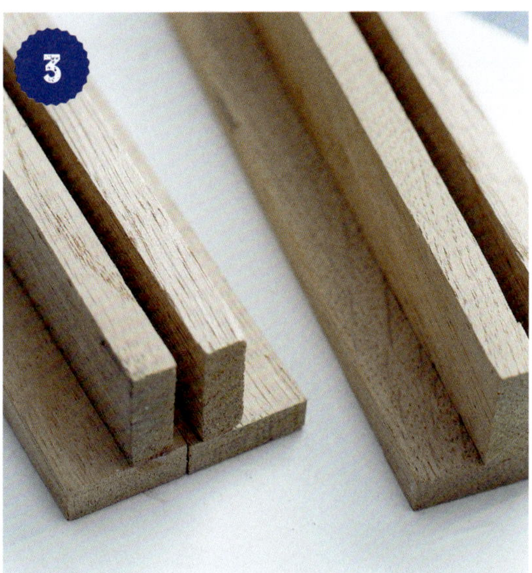

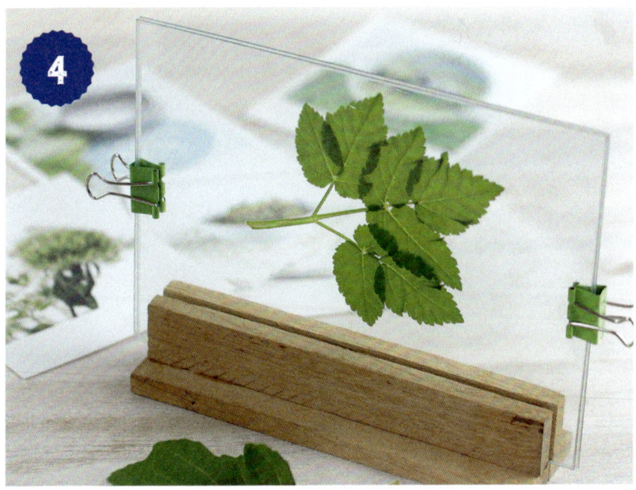

Material & Werkzeug:

4 EASY STICKS, HOLZLEIM, 2 GLASSCHEIBEN, Z.B. AUS GÜNSTIGEN RAHMENLOSEN BILDERRAHMEN, METALLCLIPS

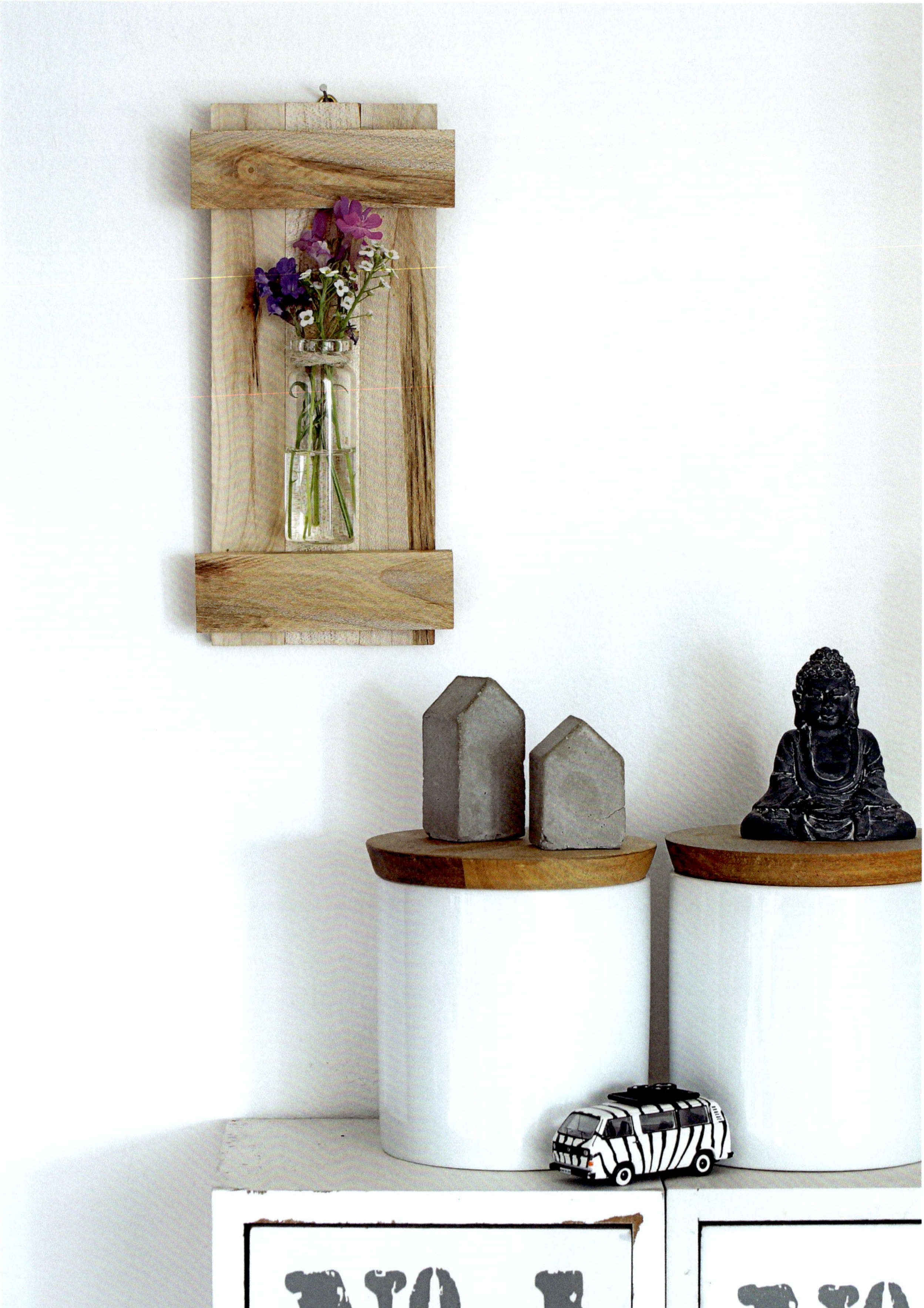

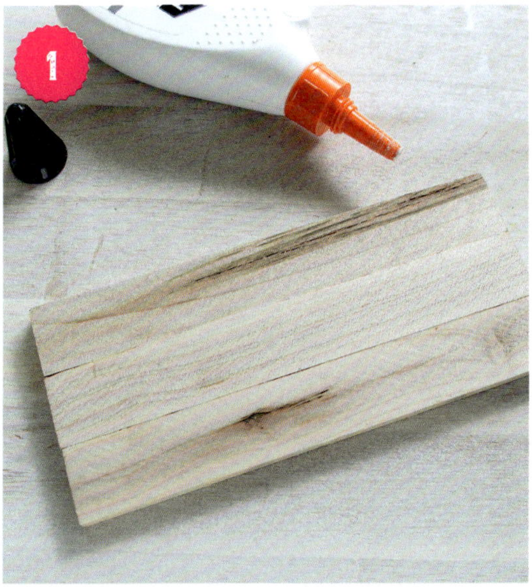

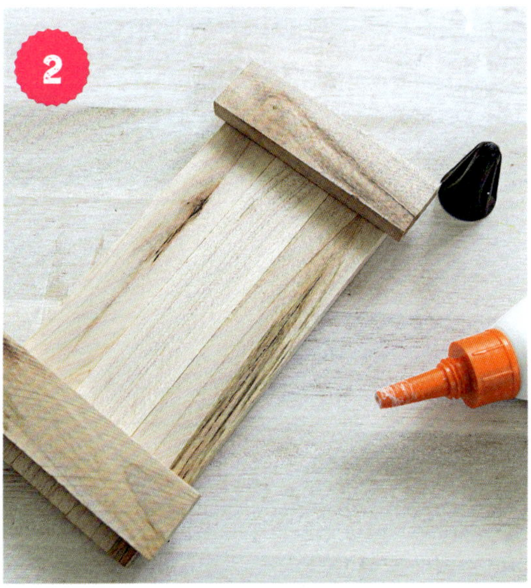

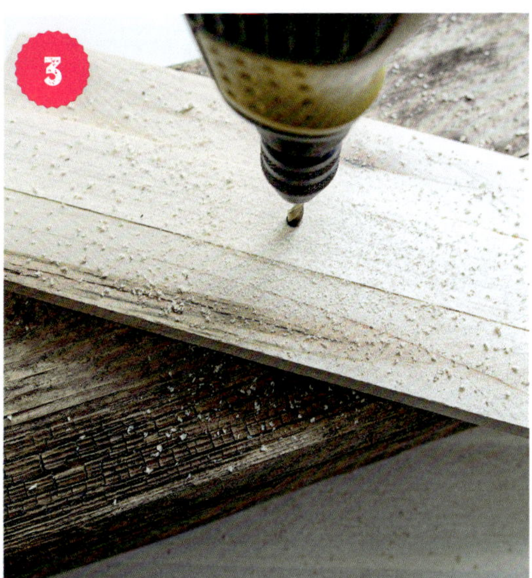

MINI-VASENHALTER

MAL WIEDER SCHÖNE WIESENBLÜMCHEN AM WEGESRAND GESAMMELT? ZU KLEIN FÜR EINE RICHTIGE VASE – IDEAL FÜR EIN MINI-VÄSCHEN. UND SO BEKOMMEN DIE BLÜMCHEN EINEN FESTEN PLATZ.

Und so geht's:

1. 3 Easy Sticks zu einer kleinen Platte zusammenkleben.

2. Einen weiteren Easy Stick einmal in der Mitte durchsägen, die Kanten glatt schmirgeln und mit etwas Abstand zum Rand oben und unten auf die kleine Platte kleben.

3. Die Position der kleinen Vase bestimmen und mit dem Bohrer ein Loch für die Schnur bohren.

4. Ein Stück Paketschnur zurechtschneiden und von der Vorderseite durch das Loch fädeln. Die Vase in die Schlaufe stecken und auf der Rückseite verknoten. Zur Aufhängung einen Klebehaken verwenden.

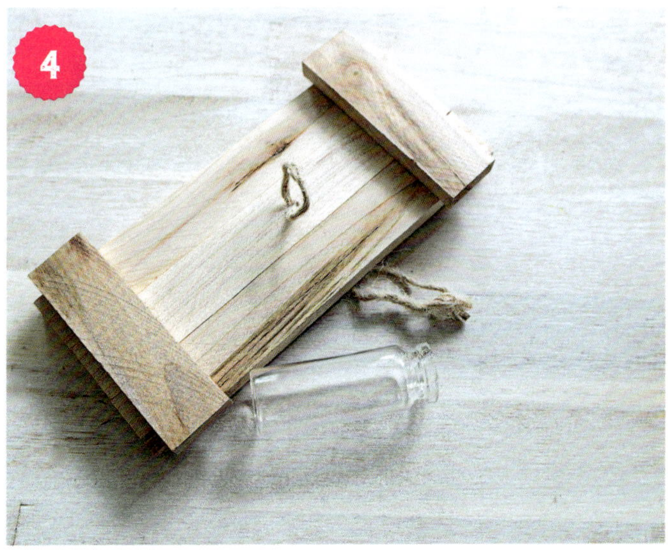

Material & Werkzeug:

4 EASY STICKS, HOLZLEIM, SÄGE, SCHMIRGELPAPIER, BOHRER, SCHNUR, MINIVÄSCHEN, AUFHÄNGER

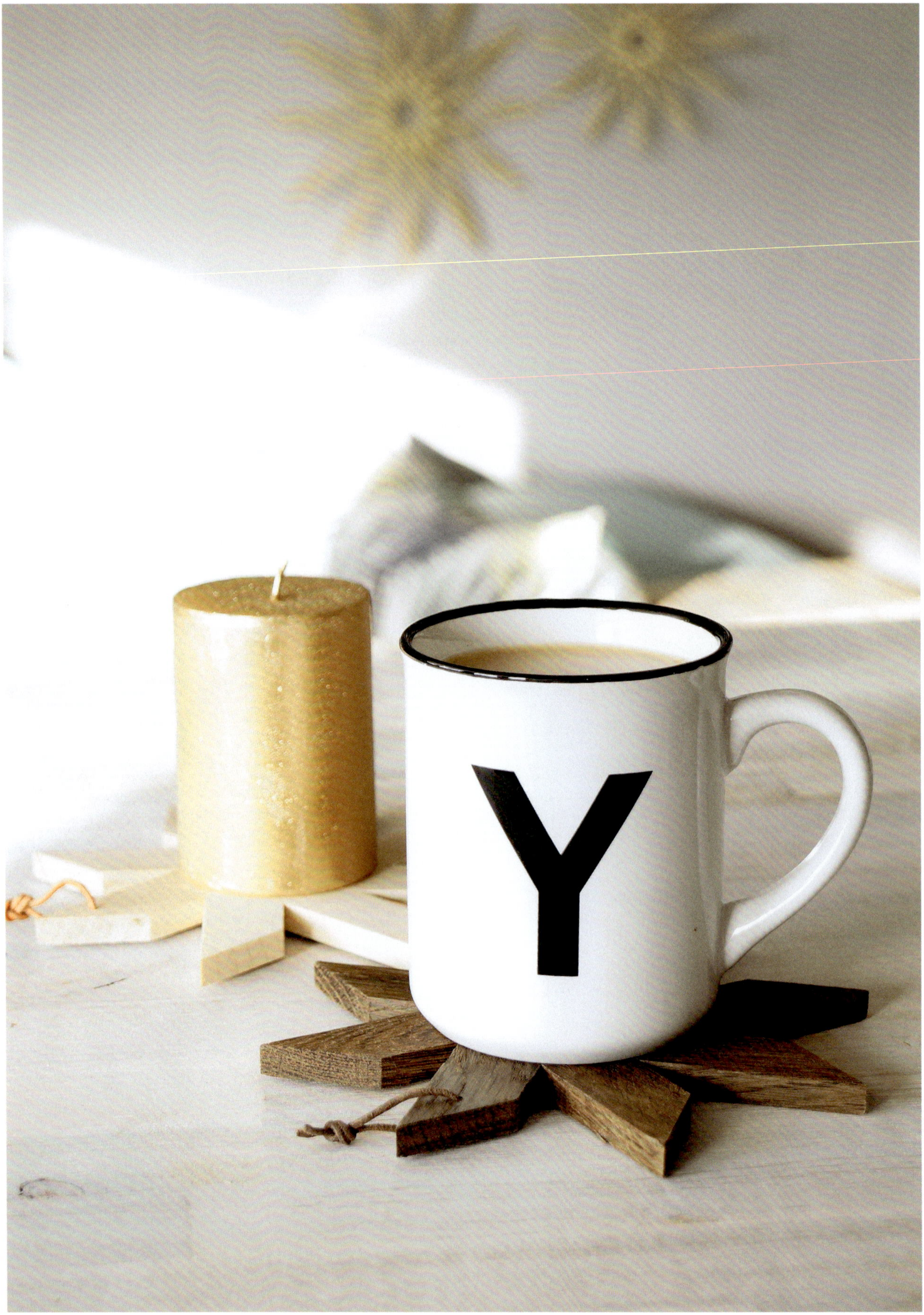
Y

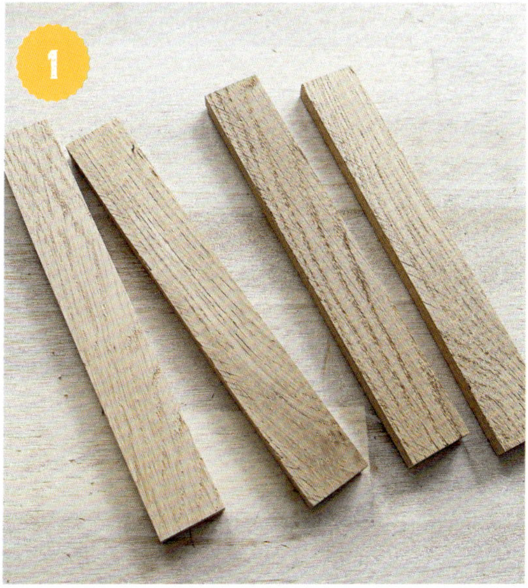

HOLZSTERN

OB ALS UNTERSETZER FÜR DIE KAFFEETASSE ODER ALS SCHMUCK FÜR DEN WEIHNACHTSBAUM. SO EIN HOLZSTERN IST FÜR BEIDES GEEIGNET. UND DADURCH AUCH AUSSERHALB DER FEIERTAGE NUTZBAR.

Und so geht's:

1. Nur 4 Easy Sticks benötigt man für den kleinen Holz-Stern.

2. Es werden 8 gleiche Teile à 5,5 cm, mit einem Winkel von 45° Grad an beiden Seiten, abgesägt. Die Kanten glatt schmirgeln.

3. Anschließend klebt man die einzelnen Teile wie in Abb. 3 gezeigt zusammen.

4. Ist der Leim ausgehärtet, den ganzen Stern schön glatt schmirgeln und noch ein Loch für die Aufhängung bohren. Eine kleine Lederschnur einfädeln und verknoten.

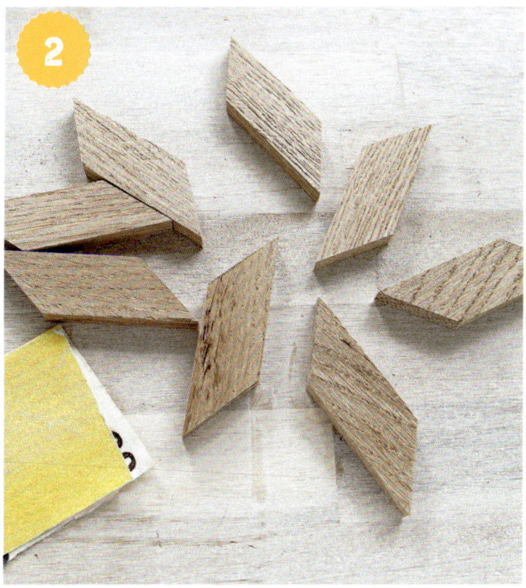

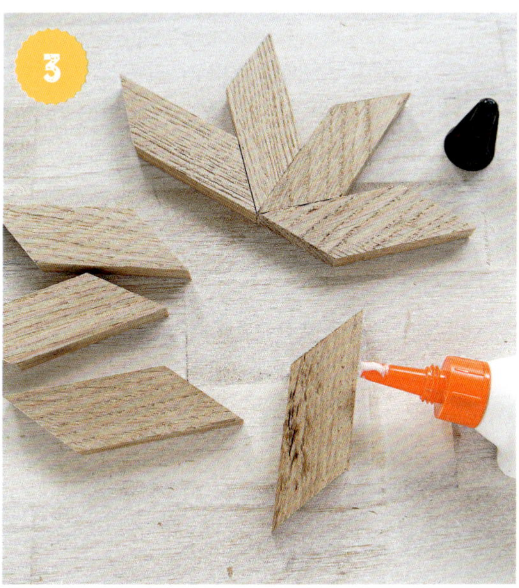

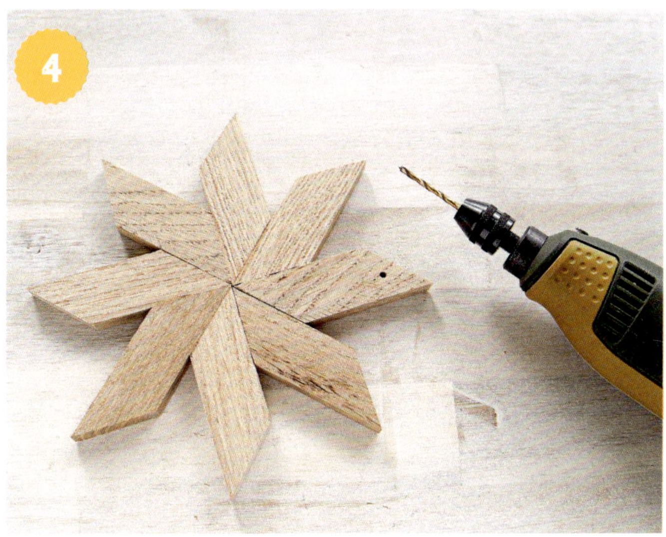

Material & Werkzeug:

4 EASY STICKS, SÄGE, GEHRUNGSLADE, SCHMIRGELPAPIER, BOHRER, HOLZLEIM, LEDERBAND

5–10 EASY STICKS

DARF'S EIN BISSCHEN MEHR SEIN?
MIT EINER HANDVOLL EASY STICKS LASSEN
SICH PRAKTISCHE UND DEKORATIVE
PROJEKTE BASTELN

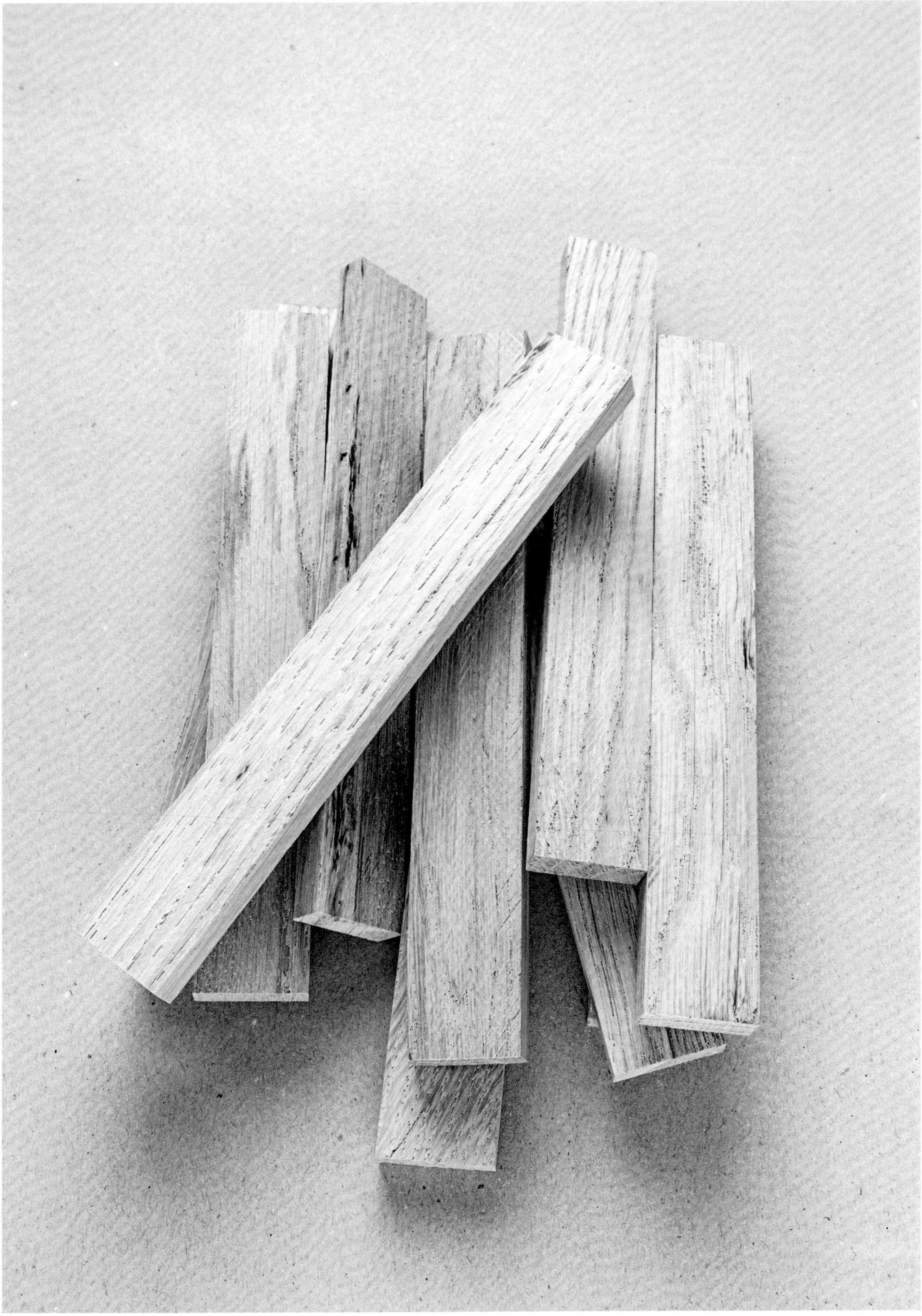

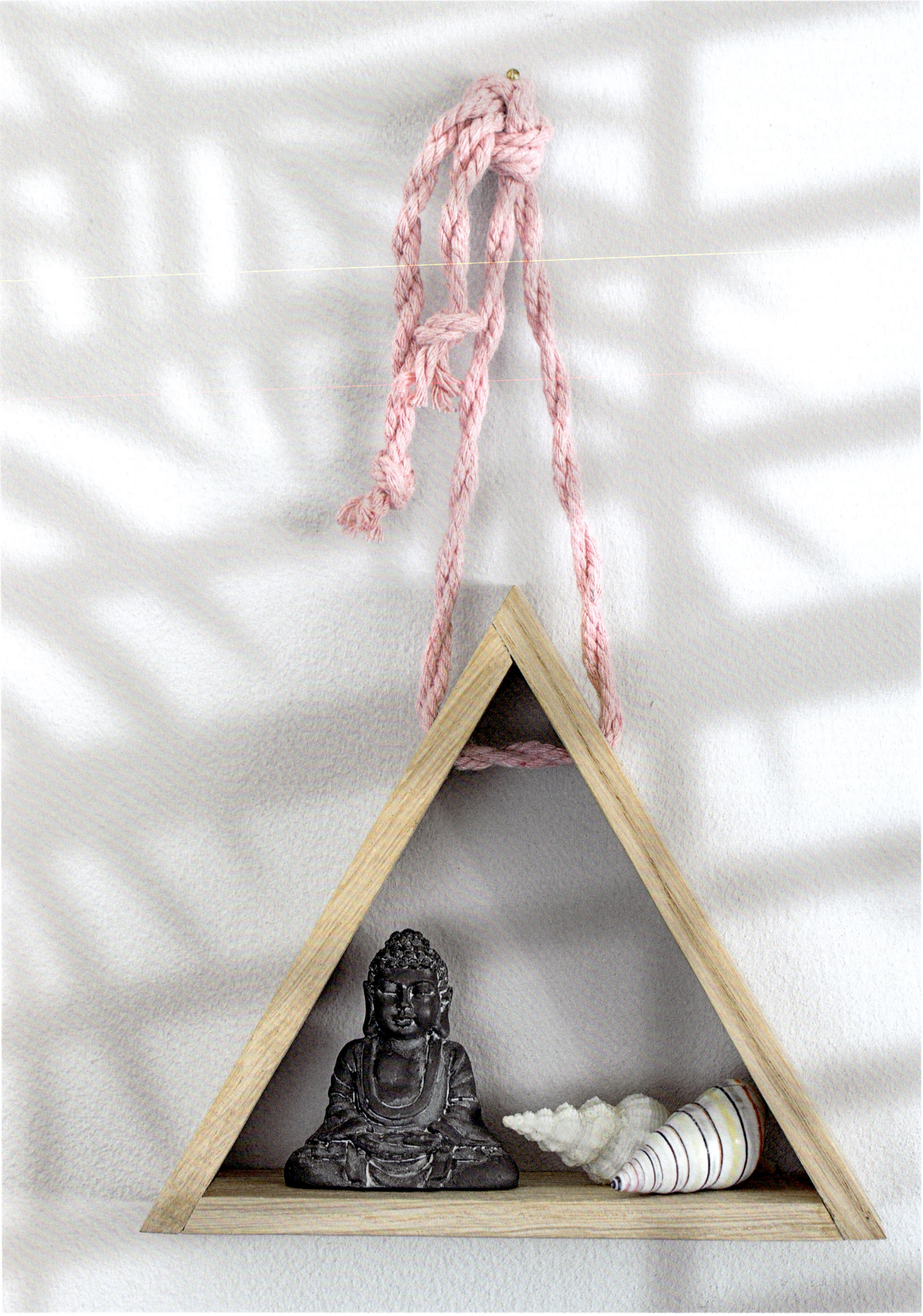

KLEINES HÄNGEREGAL

FÜR KLEINE MITBRINGSEL AUS DEM URLAUB, DIE MAN GERNE MAL AUSTAUSCHT, IST HIER GENAU DER RICHTIGE PLATZ. UND DAS REGAL SELBST LÄSST SICH AUCH MAL SCHNELL WOANDERS HINHÄNGEN.

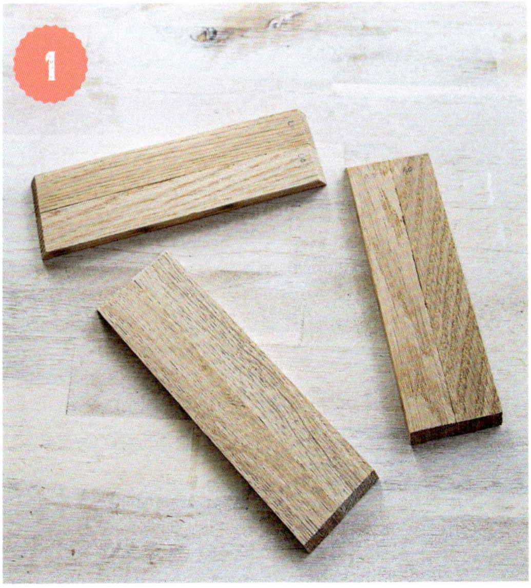

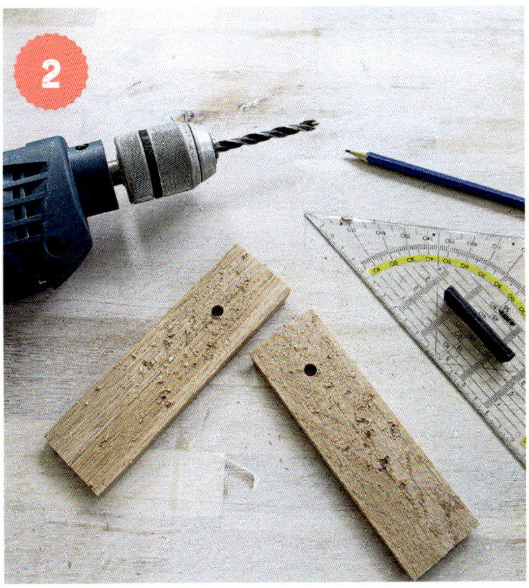

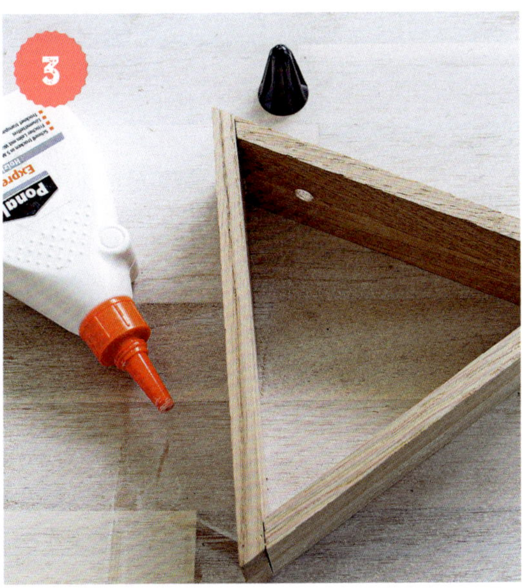

Und so geht's:

1. Für die Regalseiten werden 3 x 2 Easy Sticks zusammengeklebt und nach dem Aushärten des Leims an den Kanten im Winkel von 60° Grad abgeschrägt. Da die Teile später an der oberen Spitze versetzt zusammengeklebt werden, muss eine Seite ca. 1 cm kürzer werden, sodass man den Boden innen ankleben kann. Auch dieser ist etwas kürzer. Das genaue Maß ermittelt man am besten, wenn die Spitze geklebt ist. (Lässt man alle Teile gleich lang, kann man sie auch versetzt, wie die Spitze, zusammenkleben.) Alle Kanten anschließend glatt schmirgeln.

2. Dann mittels Lineal und Stift markieren, wo sich die Löcher für die Aufhängung befinden. Da die eine Seite kürzer ist, befindet sich hier das Loch ein Stückchen weiter oben, daher am besten die beiden Teile zunächst nur aneinanderhalten und die Position bestimmen. Mit einem Bohrer dann die beiden Löcher bohren. Der Durchmesser ergibt sich aus der Stärke der Kordel.

3. Anschließend die drei Teile zusammenkleben.

4. Nach dem Aushärten des Leims alle Kanten schmirgeln und die Kordel einfädeln und verknoten.

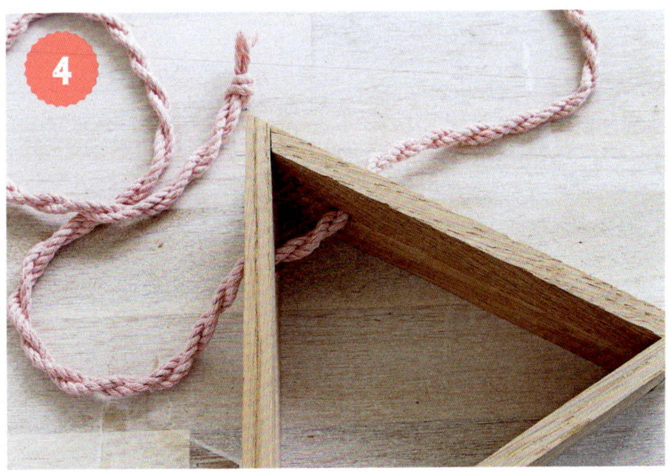

Material & Werkzeug:

6 EASY STICKS, SÄGE, BOHRER, STIFT, LINEAL, HOLZLEIM, SCHMIRGELPAPIER, KORDEL

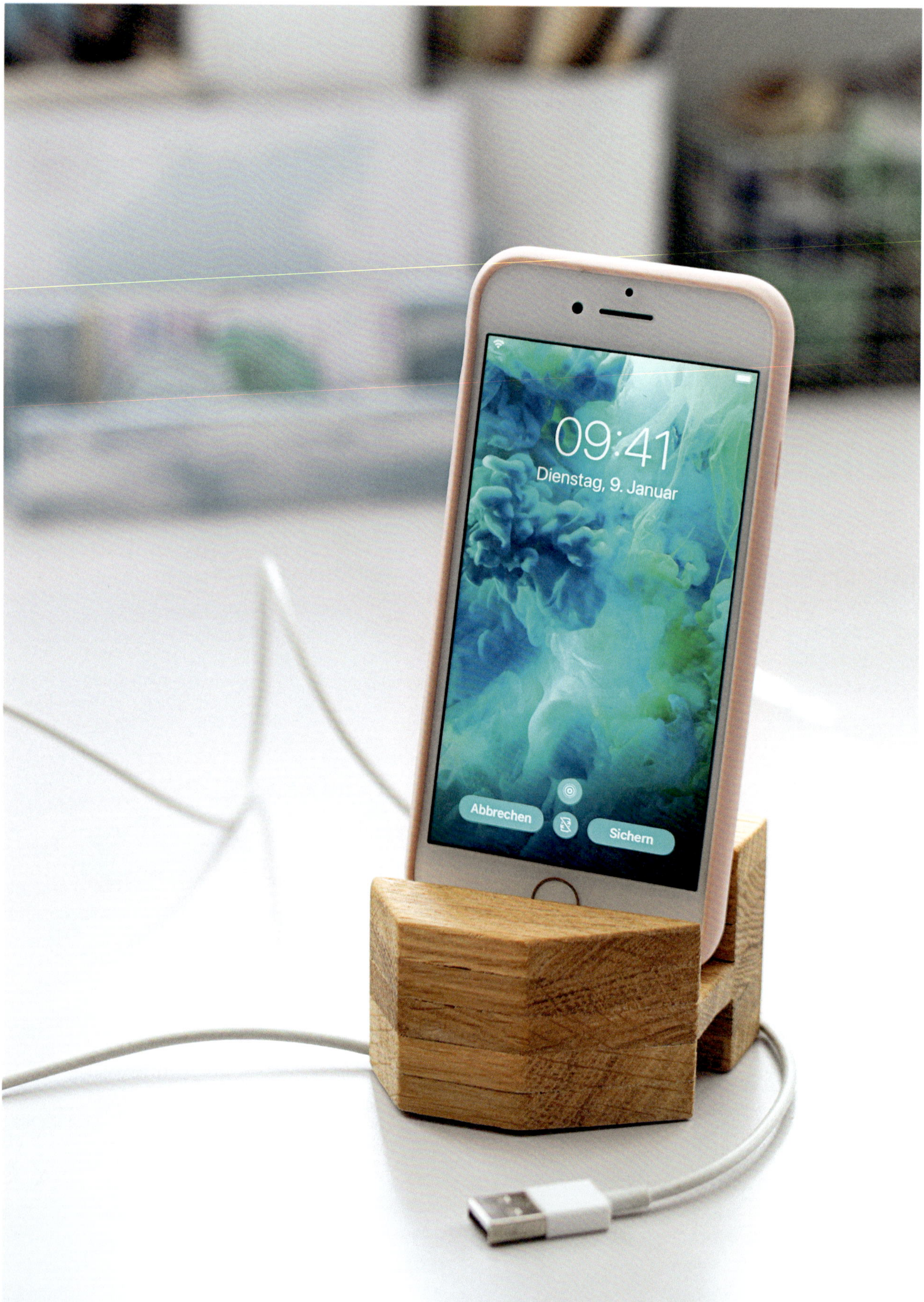
09:41
Dienstag, 9. Januar
Abbrechen
Sichern

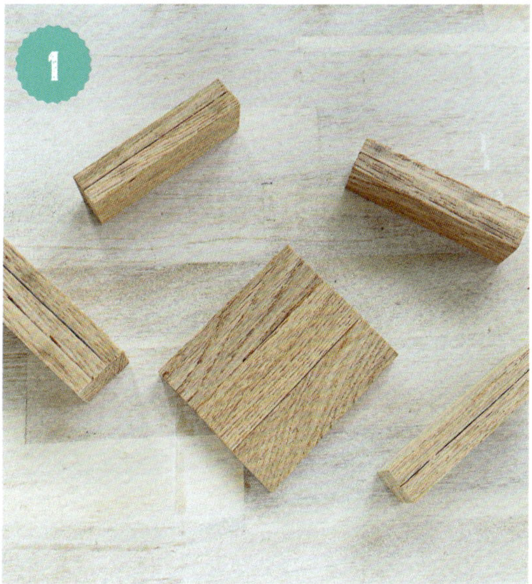

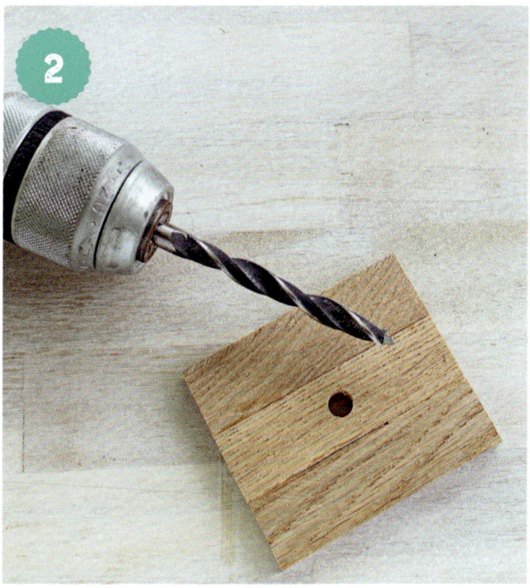

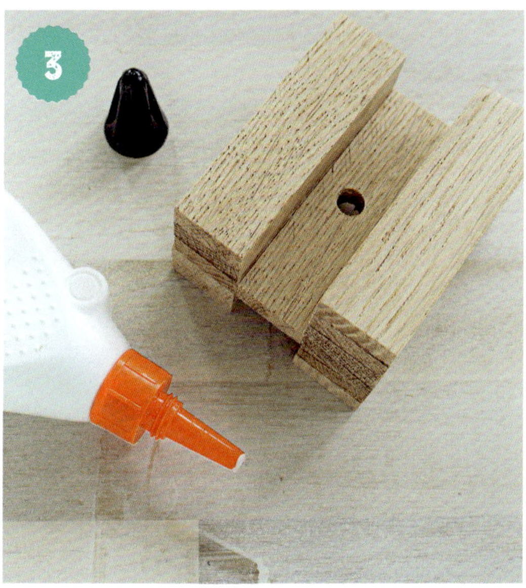

HANDY-LADESTATION

NICHT NUR, DASS MAN IMMER WEISS, WO DAS SMARTPHONE IST, SONDERN MAN KANN ES HIER AUCH GLEICH AUFLADEN. EIN PRAKTISCHER KLEINER HELFER.

Und so geht's:

1. Zunächst sägt man die 6 Easy Sticks alle einmal in der Mitte durch und schmirgelt die Kanten glatt. Dann werden 3 x 2 und 1 x 3 Easy Sticks aufeinander geklebt. Die restlichen 3 werden nebeneinander zu einer kleinen Platte geklebt.

2. In diese Platte bohrt man mittig ein Loch. Es sollte groß genug sein, damit das Ladekabel sich später von unten hindurchstecken lässt.

3. Dann klebt man 2 der 2er-Blöcke unter die Platte und die anderen beiden Blöcke auf die Platte.

4. Nachdem der Leim richtig fest ist, kann man die Kanten zum Beispiel asymmetrisch anschrägen, anschließend den ganzen Block schön glatt schmirgeln und mit Politur veredeln.

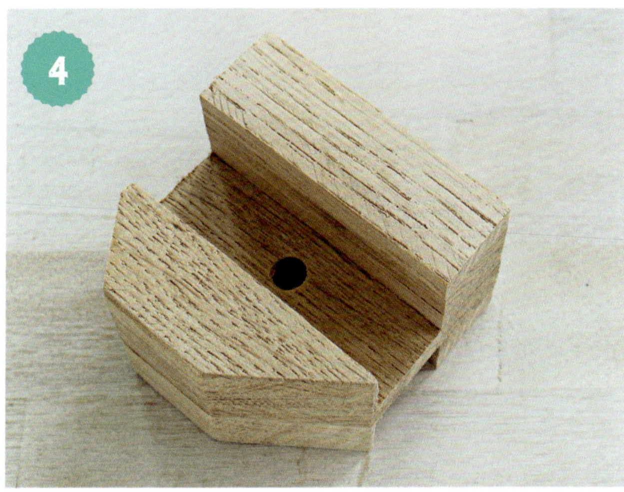

Material & Werkzeug:

6 EASY STICKS, HOLZLEIM, SÄGE, BOHRER, SCHMIRGELPAPIER, POLITUR, PINSEL

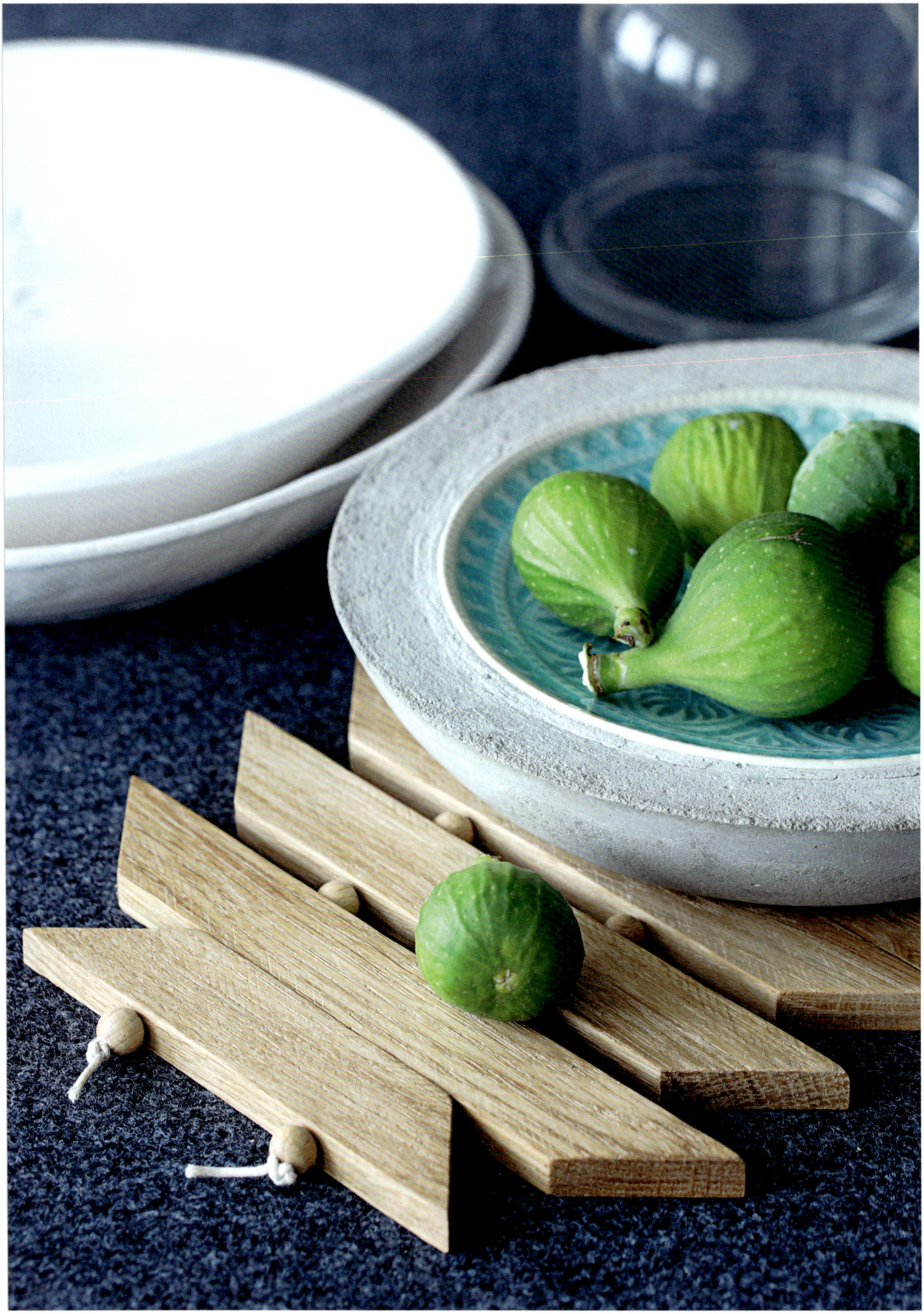

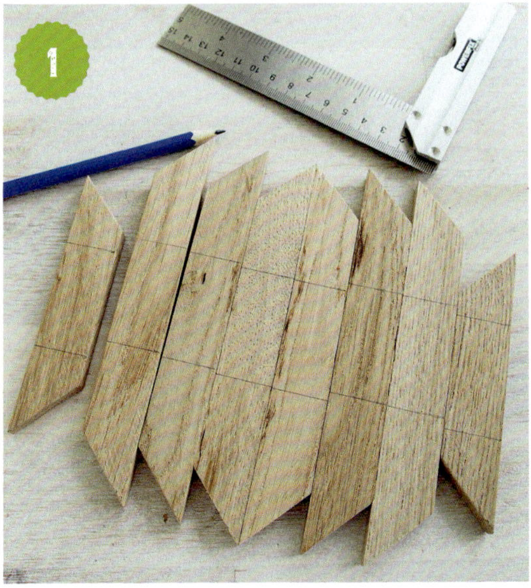

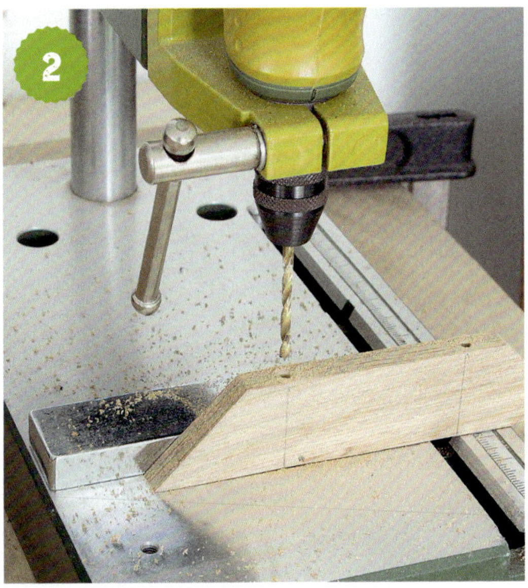

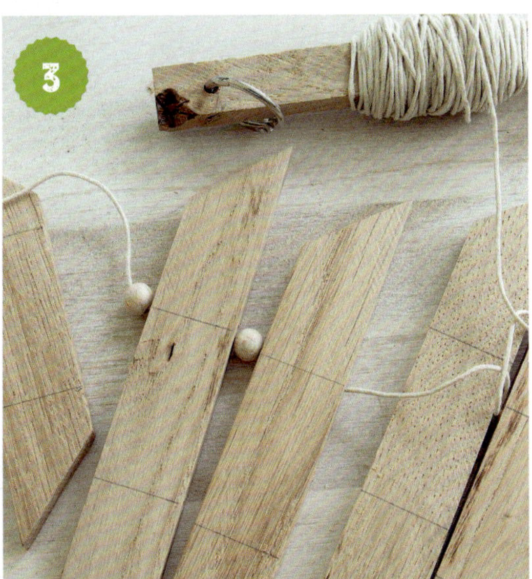

UNTERSETZER

UNTERSETZER BRAUCHT MAN EIGENTLICH IMMER IRGENDWIE. FÜR DIE SCHÜSSEL AUF DEM TISCH, DIE BLUMENVASE, DEN BLUMENTOPF ODER FÜR EINE BESONDERS SCHÖNE DEKORATION ...

Und so geht's:

1. Die Easy Sticks zuvor im 45° Grad Winkel nach Wunsch absägen und glatt schmirgeln. Die beiden äußeren können ein Stück kürzer sein. Mit einem Winkellineal markieren, wo später gebohrt werden soll.

2. Die Löcher werden hier von der schmalen Seite gebohrt. So bereitet man 8 Easy Sticks vor. Vor der Fertigstellung sollte man die Easy Sticks nochmals schön glatt schmirgeln und bei Bedarf mit einem Schutzöl oder Politur versiegeln.

3. Dann eine Schnur (z.B. ein gewachstes Garn) zum Auffädeln verwenden. Dabei immer eine kleine Holzperle zwischen die Easy Sticks fädeln. Anfang und Ende der Schnur mit mehreren Knoten fest verschließen.

Material & Werkzeug:

8 EASY STICKS, SÄGE, BOHRER, SCHERE, PINSEL, WINKELLINEAL, SCHMIRGELPAPIER, STIFT, SCHNUR, PERLEN, SCHUTZÖL ODER POLITUR

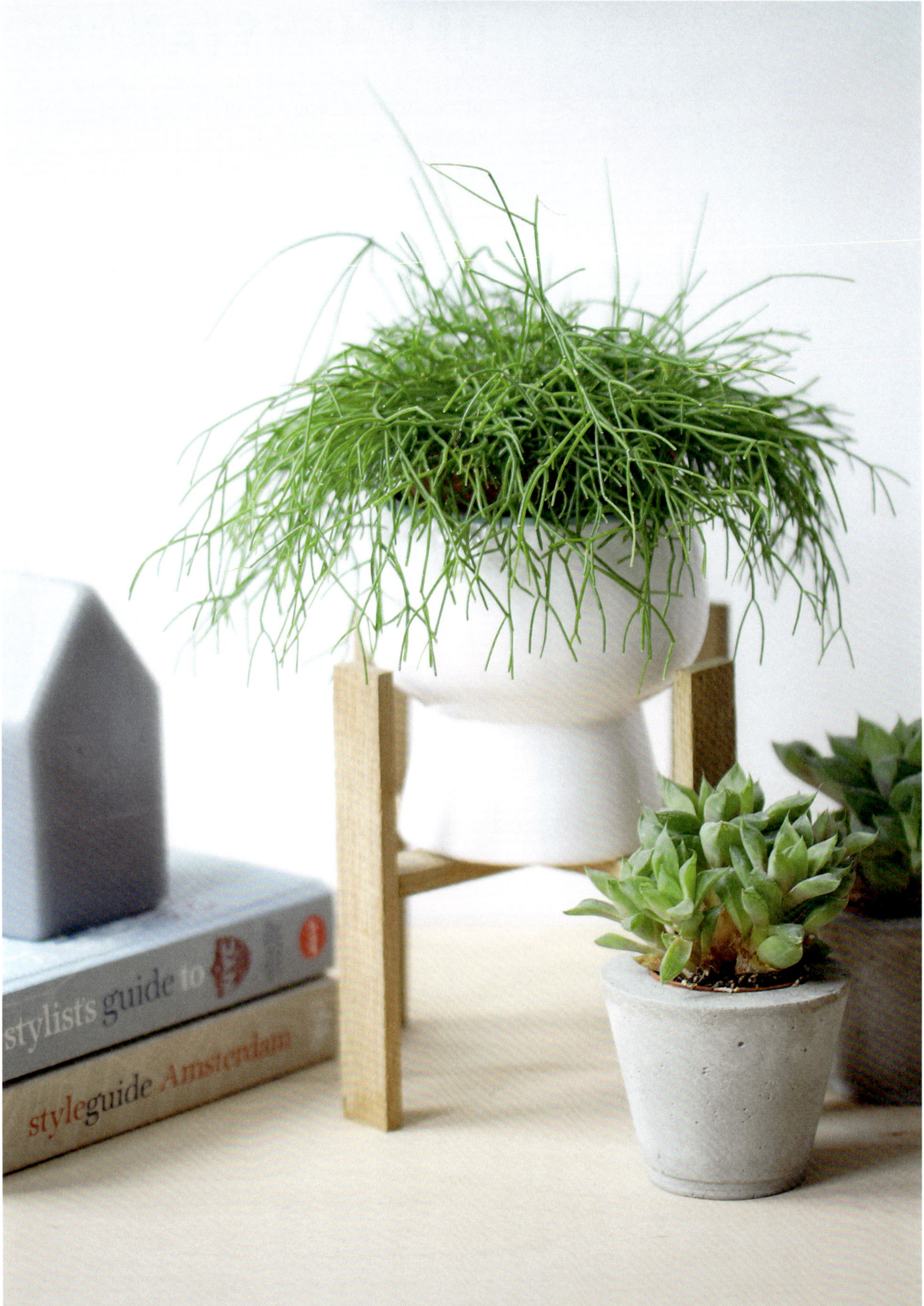
stylist's guide to
styleguide Amsterdam

BLUMENSTÄNDER

MANCHE PFLANZEN BRAUCHEN EINEN KLEINEN TROHN. VIELLEICHT AUCH NUR, DAMIT SIE EINFACH EIN WENIG NÄHER AM LICHT STEHEN.

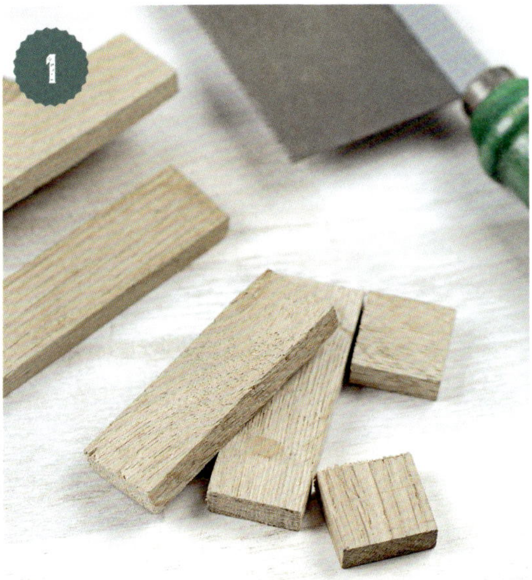

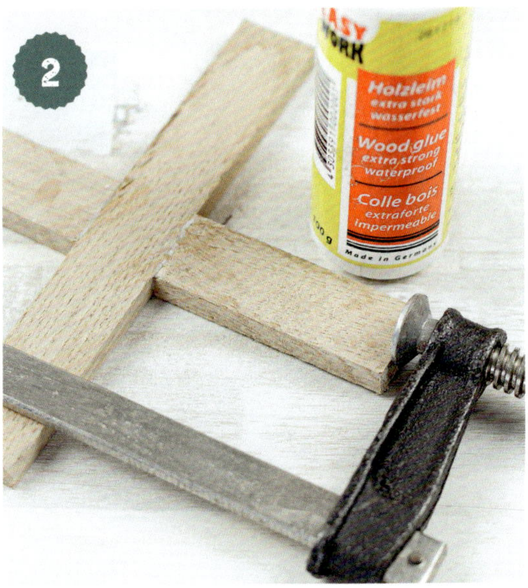

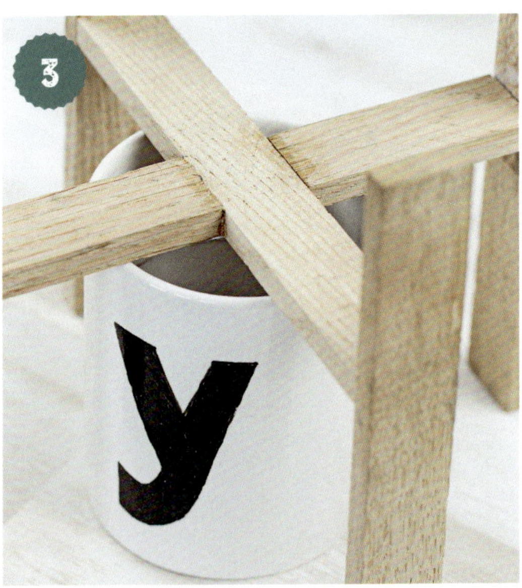

Und so geht's:

1. Aus einem der Easy Sticks schneidet man 2 Stücke mit dem Maß 12,5 cm ab und schmirgelt die Kanten glatt.

2. Diese beiden Stück klebt man mittig an ein Easy Stick, sodass ein Kreuz entsteht.

3. Die vier restlichen Easy Sticks werden an die Kanten des Kreuzes geklebt. Hier ist es ratsam, sich eine Auflage zu suchen, die der Höhe entspricht, an der die Hölzchen angeklebt werden sollen. Den Leim gut antrocknen lassen.

Der Blumenständer kann später noch mit einem Schutzöl behandelt werden.

Material & Werkzeug:

6 EASY STICKS, HOLZLEIM, SÄGE, SCHMIRGELPAPIER, SCHRAUBZWINGEN

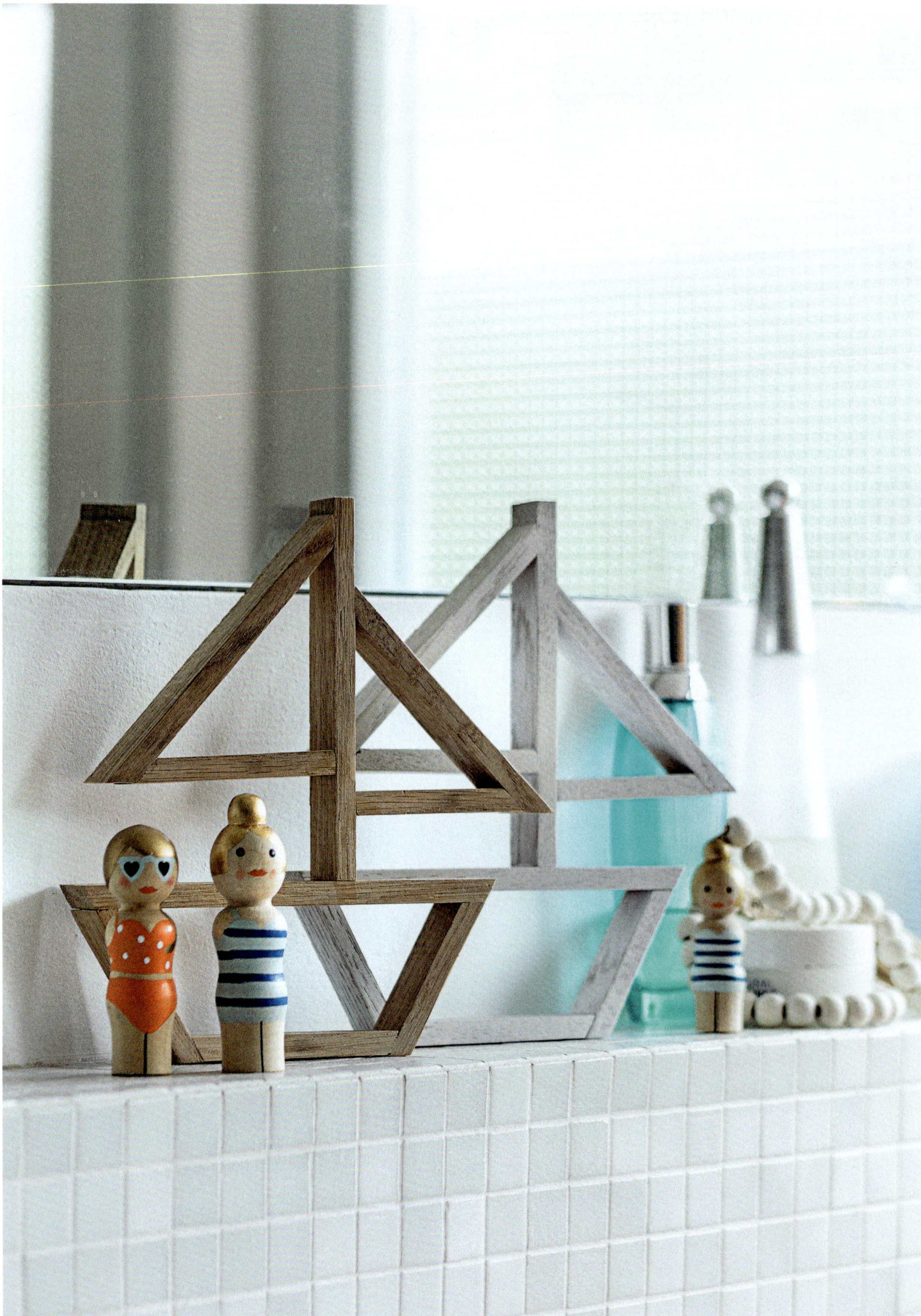

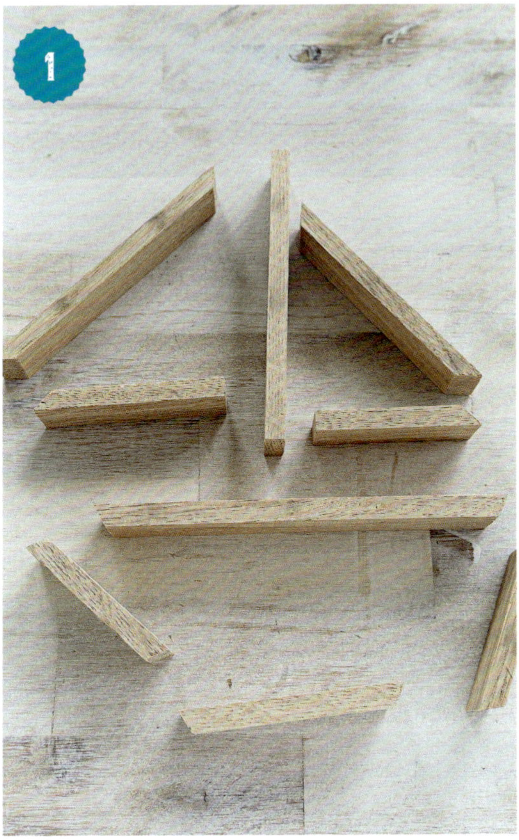

KLEINES SCHIFF

HOLT DEN ANKER EIN, SETZT DIE SEGEL. SCHIFF AHOI! DANN NIX WIE WEG. WER WILL DA NICHT MEER? NA JA, MAN WIRD JA MAL TRÄUMEN DÜRFEN, ODER?

Und so geht's:

1. Nach Angaben des Schnittplanes (s. u.) werden zunächst alle Teile zugeschnitten. Beim Abmessen immer zuerst die Gehrung sägen und dann die eigentliche Länge abmessen. Da man auch die Stärke des Sägeschnittes mit einplanen muss, ist es hier ratsam, jedes gesägte Stück individuell anzupassen, damit sich am Ende auch wirklich alles richtig zusammenfügt. Die Kanten glatt schmirgeln.

2. Dann die einzelnen Teile zusammenkleben. Auch hier schrittweise vorgehen, damit sich nichts verschiebt, bevor der Leim ausgehärtet ist. Nachdem er fest ist, kann man das Schiff schmirgeln und streichen.

Material & Werkzeug:

CA. 7 EASY STICKS, HOLZLEIM, SÄGE, SCHMIRGELPAPIER, FARBE, PINSEL

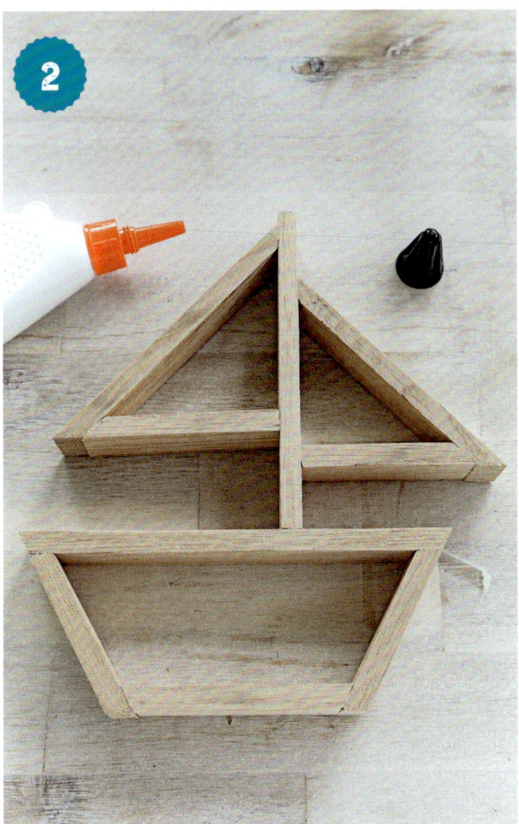

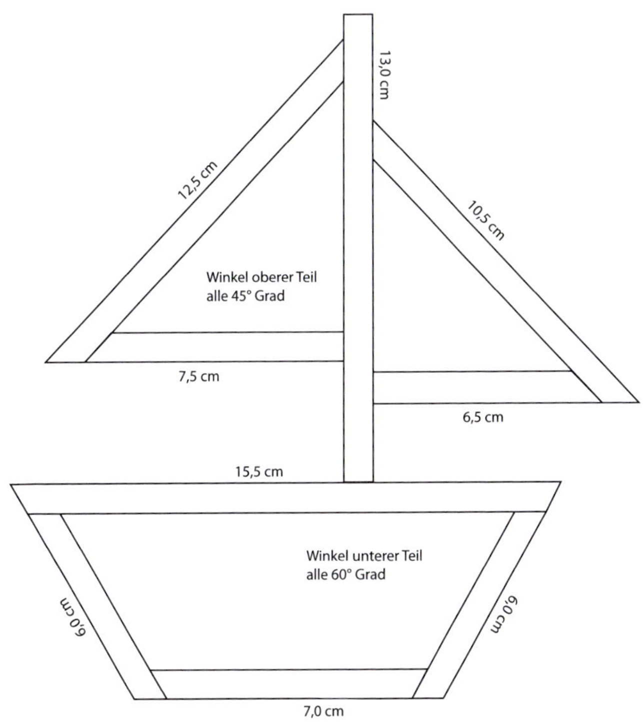

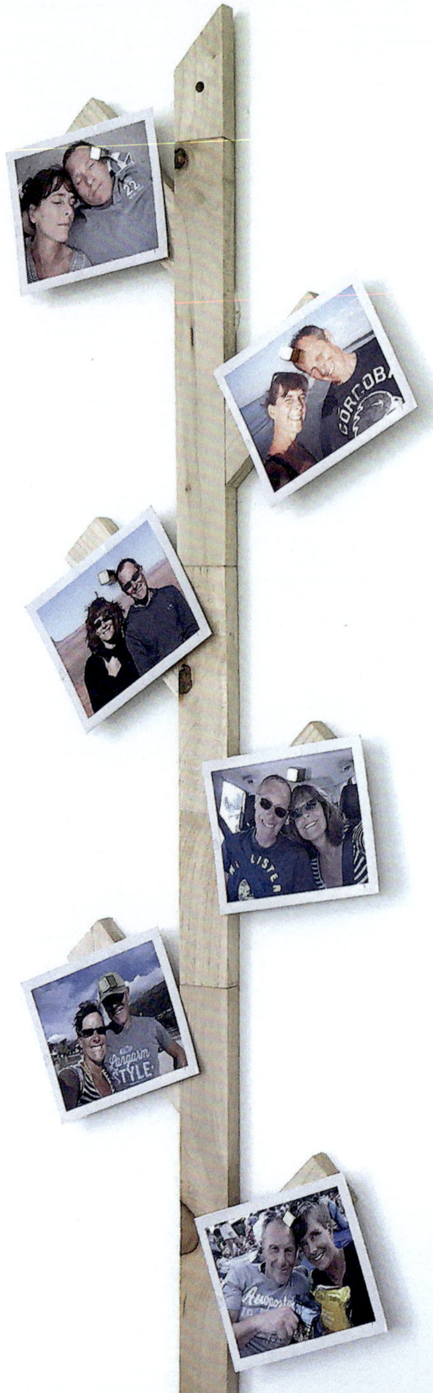

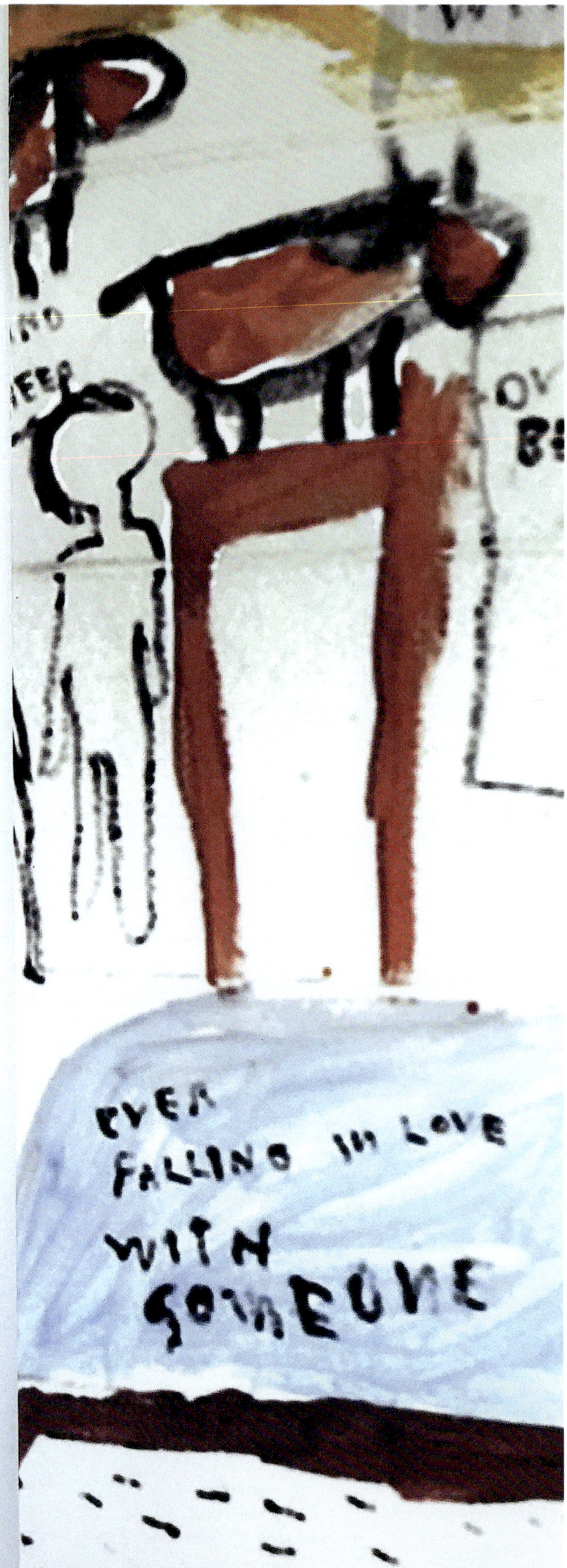

EVER
FALLING IN LOVE
WITH
SOMEONE

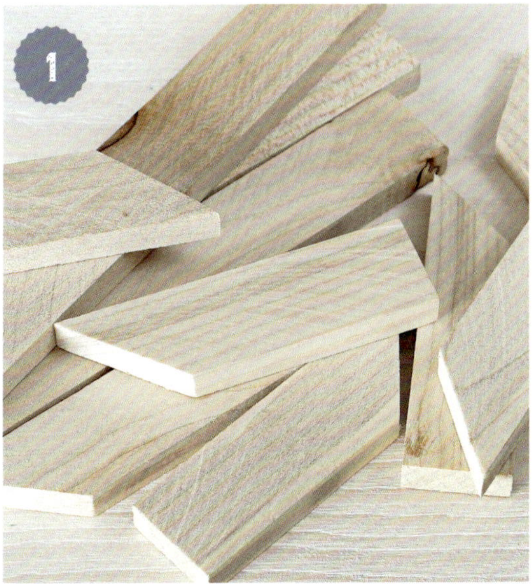

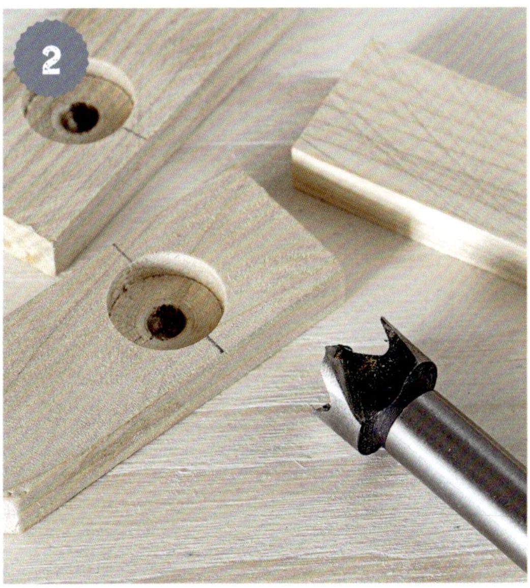

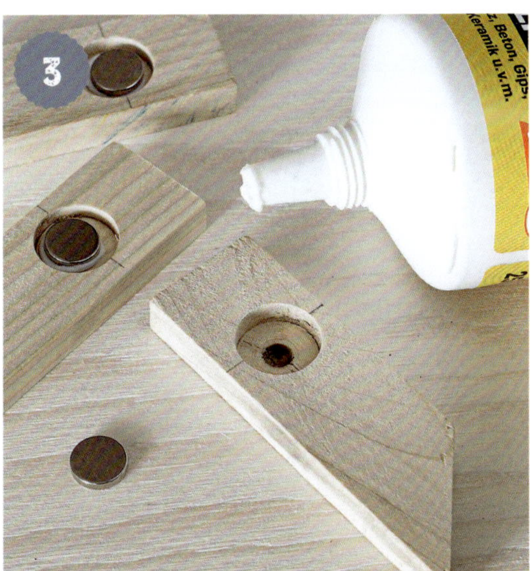

FOTOBÄUMCHEN

OB AN DER PINWAND, AM KÜHLSCHRANK ODER AN ALLEM, WAS IRGENDWIE MAGNETISCH IST: EIN BÄUMCHEN VOLL SCHÖNER ERINNERUNGEN IST EINFACH HERZERWÄRMEND!

Und so geht's:

1. Zunächst werden 3 Easy Sticks einmal durchgesägt. Anschließend erhalten sie an einer Seite einen 45°-Grad-Schnitt. Die Kanten schön glatt schmirgeln.

2. Auf der Rückseite dieser 6 Teile eine Markierung zum Bohren aufzeichnen und mit einem Forstnerbohrer (ca. 15 mm) die Vertiefungen für die Magnete bohren. Achtung: Nicht komplett durchbohren!

3. In diesen Vertiefungen befestigt man mit einem starken Kleber die Magnete. Sie sollten mit der Holzkante flach abschließen.

4. Dann klebt man 3 Easy Sticks längs aneinander und anschließend verteilt man die 6 „Äste" in gleichmäßigem Abstand an beiden Seiten. An der Spitze kann man zusätzlich ein kleines Stück mit 45°-Grad-Winkel ankleben. In diese Spitze dann ein Loch für die Aufhängung bohren. Die Fotos später mit hübschen, kleinen Magneten an der Vorderseite festklemmen.

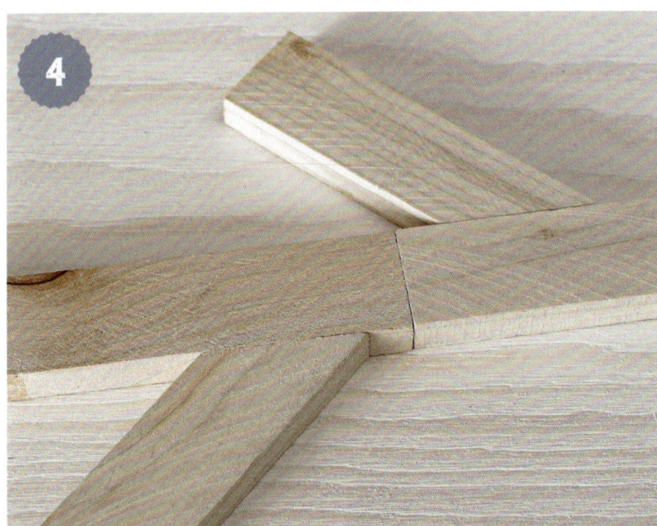

Material & Werkzeug:

6 - 7 EASY STICKS, BOHRER, HOLZLEIM, SCHMIRGELPAPIER, MAGNETE, KLEBER

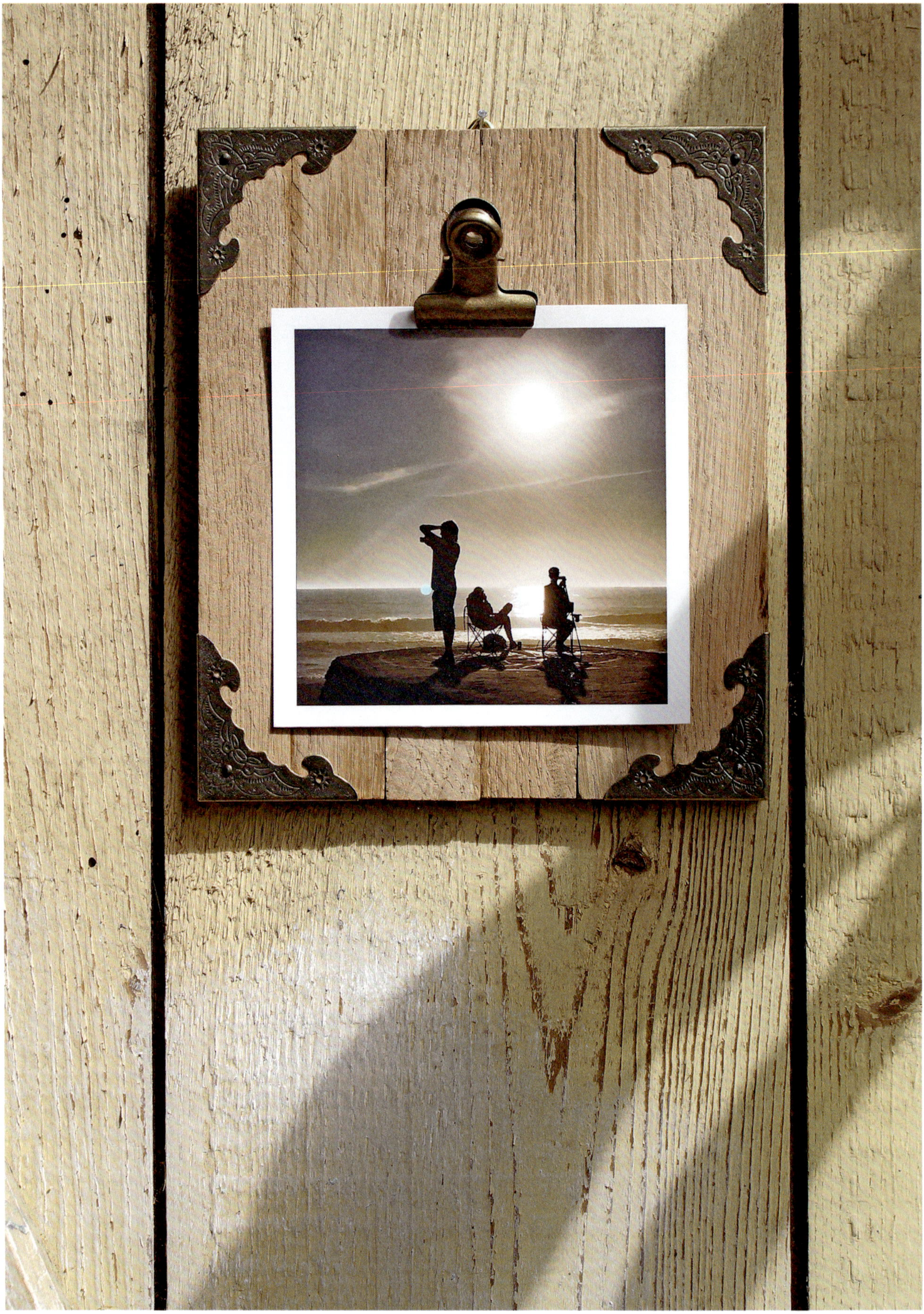

MINI-CLIP-BOARD

CLIP, CLIP UND SCHON IST EIN NEUES BILD AUFGEHÄNGT. SO EIN PRAKTISCHER WECHSELRAHMEN IST IDEAL, UM JEDEN TAG EIN STIMMUNGSVOLLES BILD ZU INSZENIEREN.

Und so geht's:

1. 6 Easy Sticks mit Holzleim aneinanderkleben.

2. Die Zierecken aus Metall werden mit Mininägeln an den Ecken befestigt.

3. Mit der Heißklebepistole eine Klemme im oberen, mittleren Drittel befestigen.

4. Auf der Rückseite einen Bilderhaken ankleben.

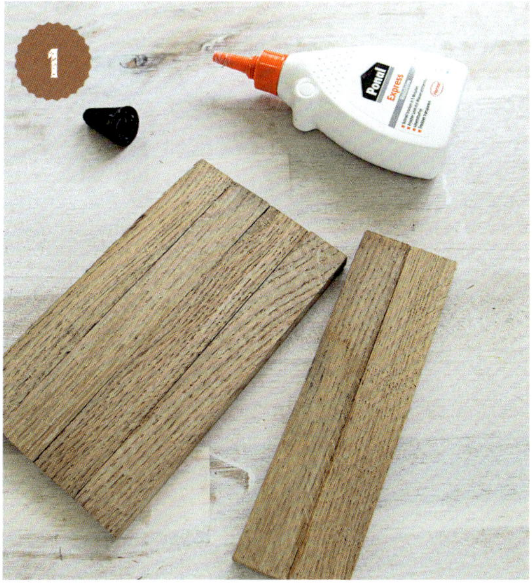

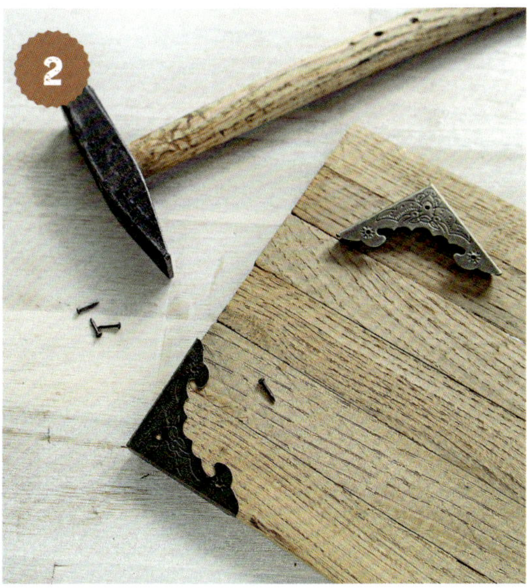

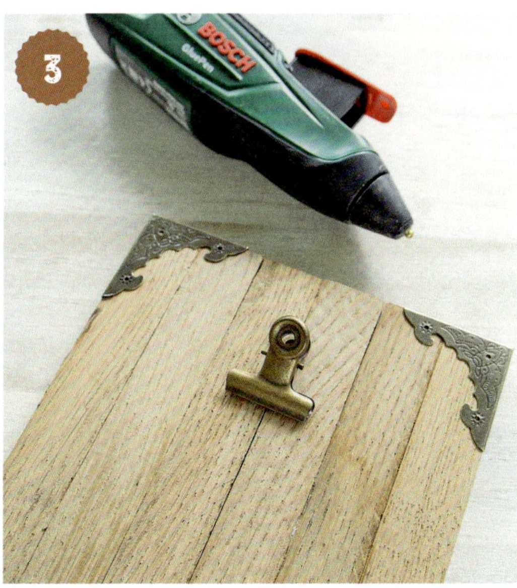

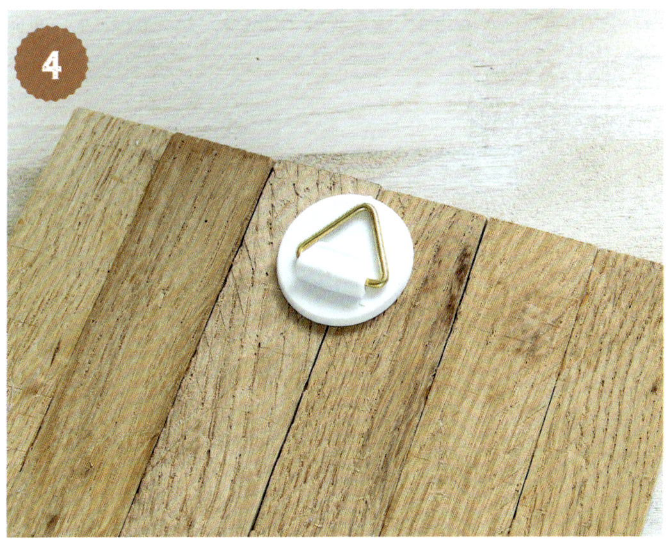

Material & Werkzeug:

6 EASY STICKS, 4 ZIERECKEN, NÄGEL, HAMMER, CLIP, HEISSKLEBEPISTOLE, AUFHÄNGER

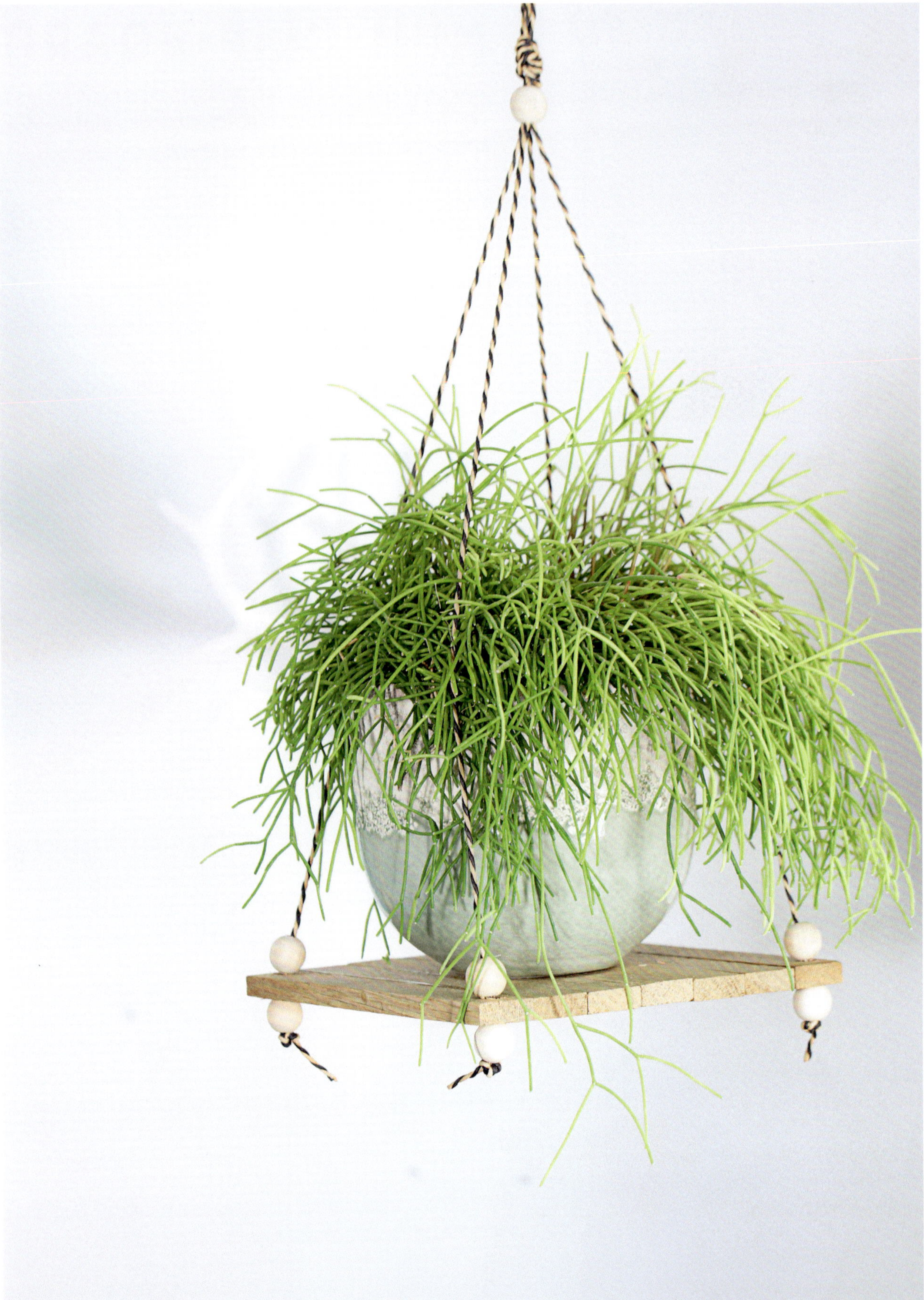

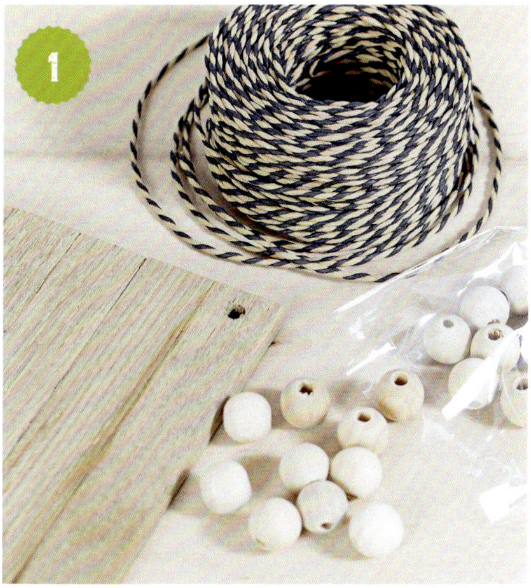

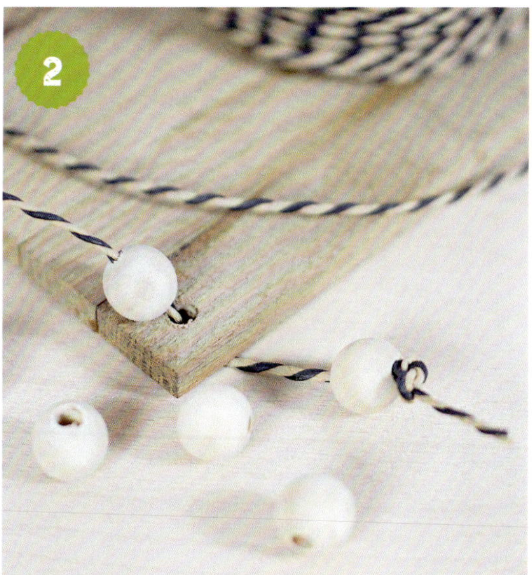

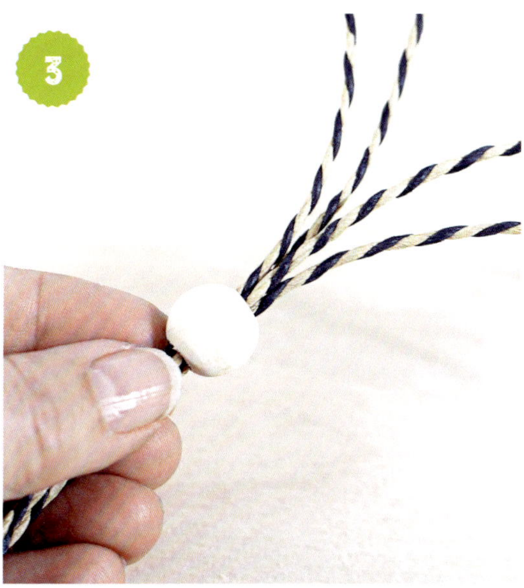

HÄNGEAMPEL

EINE HÄNGEAMPEL FÜR DIE LIEBLINGSPFLANZE UND MEHR URBAN JUNGLE IN DEN EIGENEN VIER WÄNDEN. HANG IT ON, BABY!

Und so geht's:

1. Zunächst werden 7 Easy Sticks aneinandergeklebt und in den Ecken wird jeweils ein Loch für die Schnur gebohrt.

2. Dann die Länge der 4 Schnüre ermitteln und unten verknoten, eine Perle auffädeln und an jeder Ecke durch das Loch einfädeln. Dann noch einmal eine Perle an jeder Schnur auffädeln.

3. Alle 4 Schnüre anschließend durch eine weitere Holzperle stecken.

4. Oberhalb der Perle kann man nun den Strang zusammenfassen und verknoten, um die Blumenampel aufzuhängen.

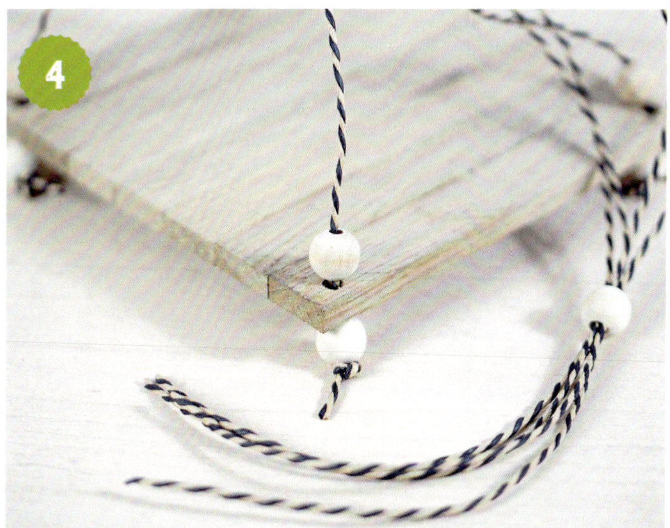

Material & Werkzeug:

7 EASY STICKS, HOLZLEIM, BOHRER, HOLZPERLEN, SCHNUR

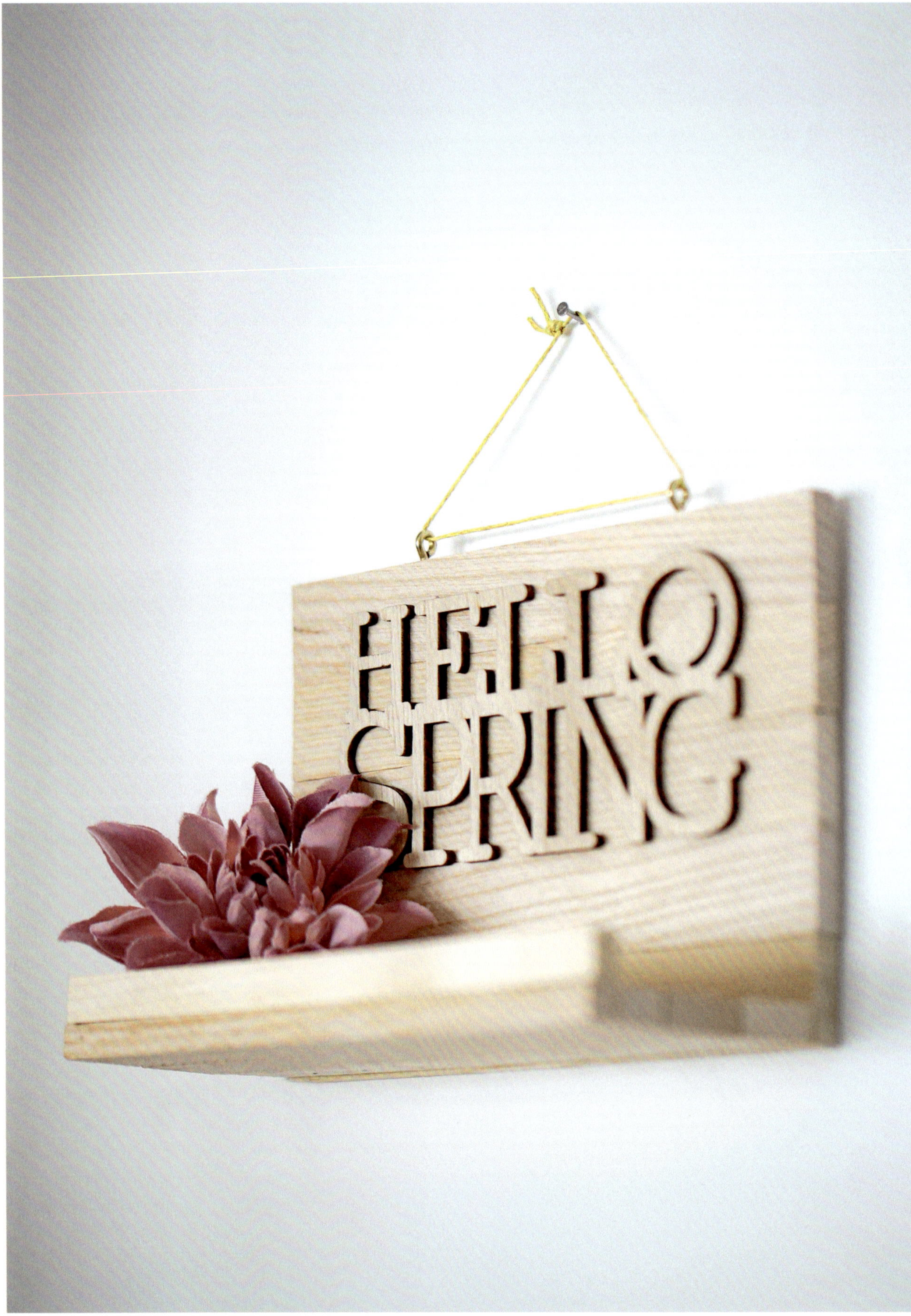
HELLO
SPRING

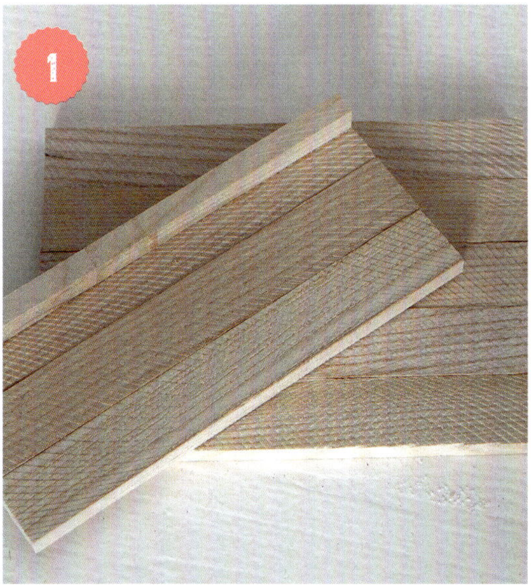

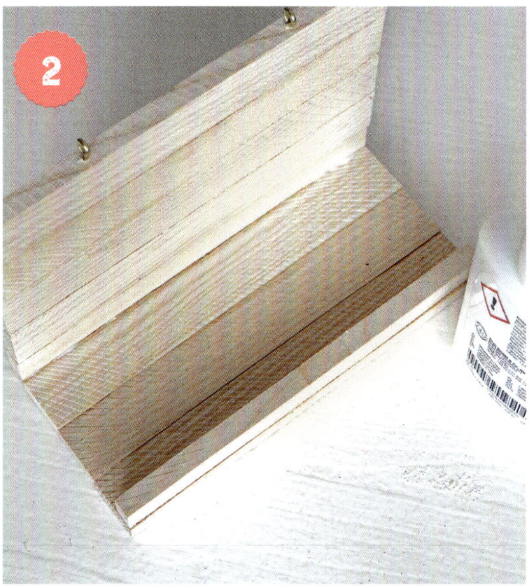

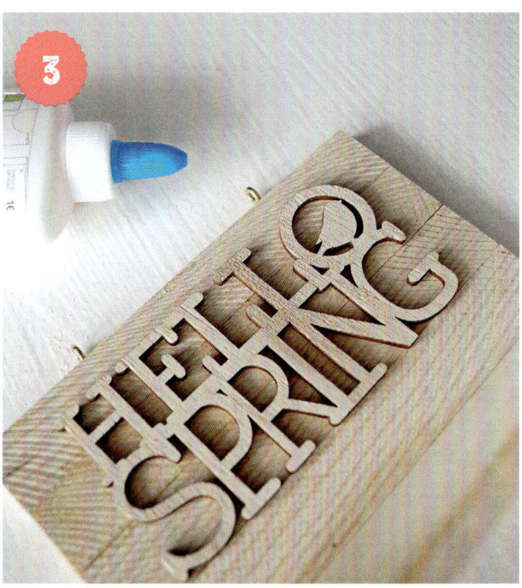

ABLAGEBOARD

FÜR DIE BRILLE, DAS HANDY, DEN SCHLÜSSEL ODER EINFACH NUR FÜR EINEN KLEINEN BLUMENGRUSS.

Und so geht's:

1. Zunächst 5 Easy Sticks, dann noch einmal 3 Easy Sticks aneinanderkleben. An die Dreierplatte eine kleine Vierkantleiste in gleicher Länge kleben. (Alternativ Easy Sticks Small)

2. Dann die beiden Platten im rechten Winkel zusammenkleben. Auf der oberen Kante die beiden Ringschrauben für die Aufhängung eindrehen.

3. Mit Holzleim den Holzschriftzug aufkleben. Das Board lässt sich nun mit einer Schnur aufhängen. Alternativ kann man auf der Rückseite kleine Bilderhaken aufkleben.

4. Ganz ohne Haken lässt sich das Miniboard auch einfach aufstellen.

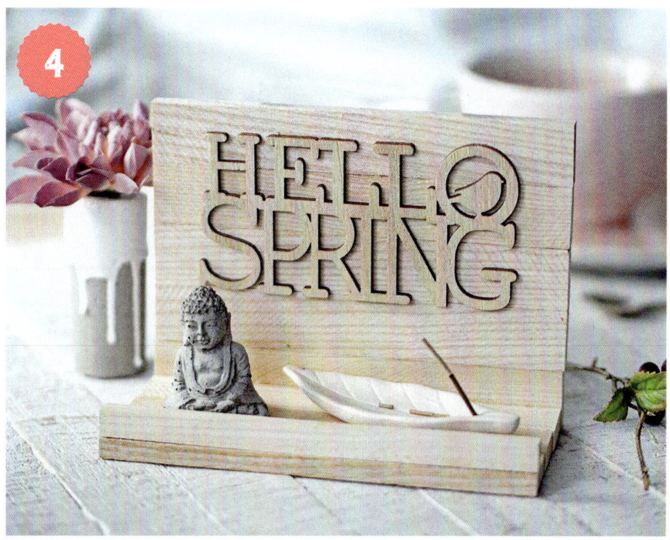

Material & Werkzeug:

8 EASY STICKS, VIERKANTLEISTE, HOLZLEIM, HOLZSPRUCH, RINGSCHRAUBEN, SCHNUR (ALTERNATIV: KLEBEHAKEN)

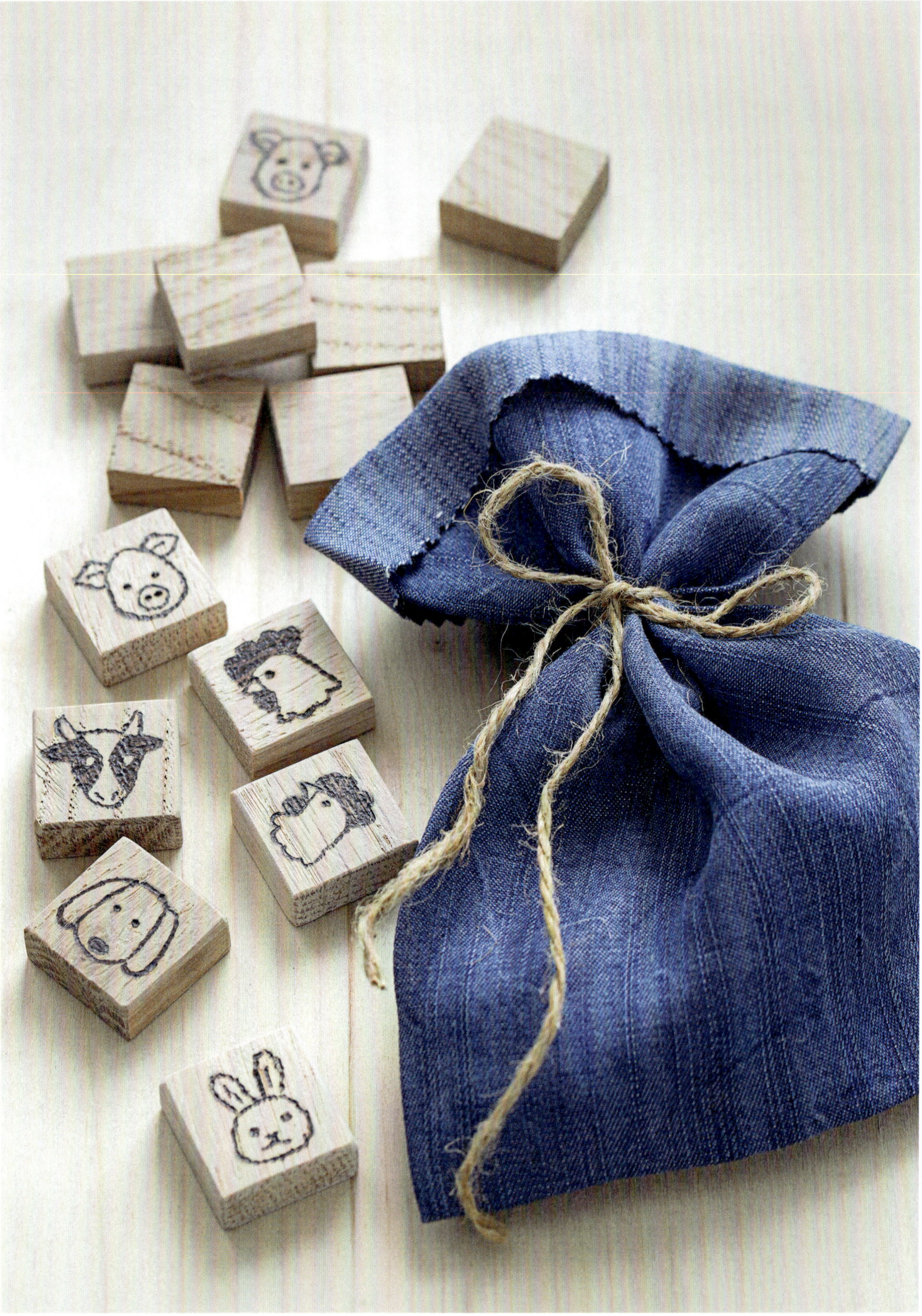

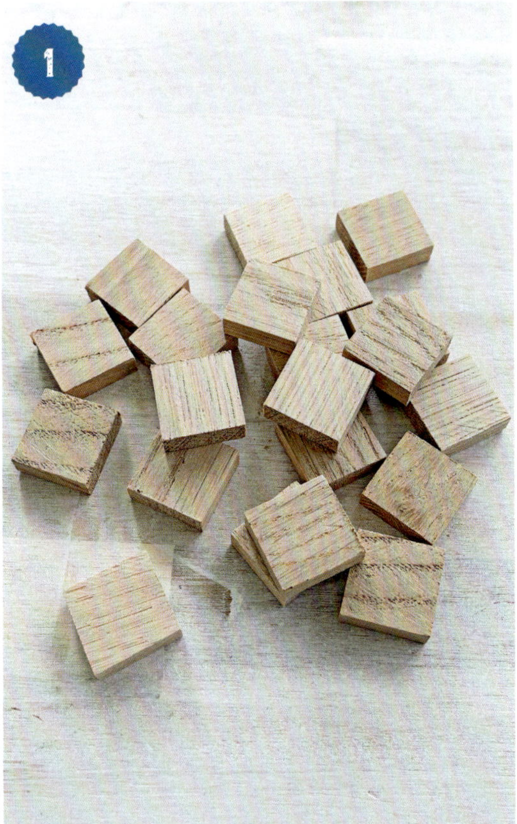

MINI-MEMORY

EIN BISSCHEN GEDÄCHTNISTRAINING GEFÄLLIG? MEMORYSPIELE SIND NICHT NUR WAS FÜR DIE KLEINEN. EIN MINI-MEMORY FÜR UNTERWEGS IM PRAKTISCHEN BEUTELCHEN HÄLT DEN KOPF FIT.

Und so geht's:

1. Die Easy Sticks sind 23 mm breit. Für die kleinen Würfel misst mal also zum Sägen in der Länge ebenfalls 23 mm ab. Da man die Stärke des Sägeblattes mitrechnen muss, empfiehlt es sich, nach jedem Schnitt neu abzumessen. Wieviele Teile man sägt, kann man selbst entscheiden. Aus einem Easy Stick bekommt man 6 Teile.

2. Die kleinen Motive (Vorlage auf Seite 94) schraffiert man von der Rückseite und malt sie mit einem Stift auf der Vorderseite zum Übertragen auf dem Holz nach.

3. Mit einem Brandmalkolben werden dann die Konturen der Motive nachgezeichnet. Achtung: Da die Holzteile sehr klein sind, muss man auf seine Finger aufpassen, die dem Brandeisen sehr nahe kommen.
Alle gewünschten Motive werden 2 x ausgearbeitet. Anschließend die Kanten der Klötzchen ein wenig anschmirgeln und in einem Beutel aufbewahren.

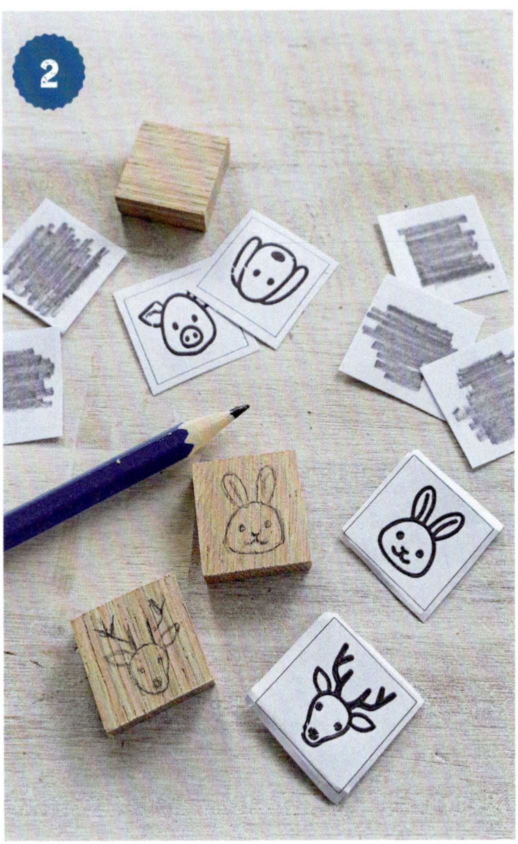

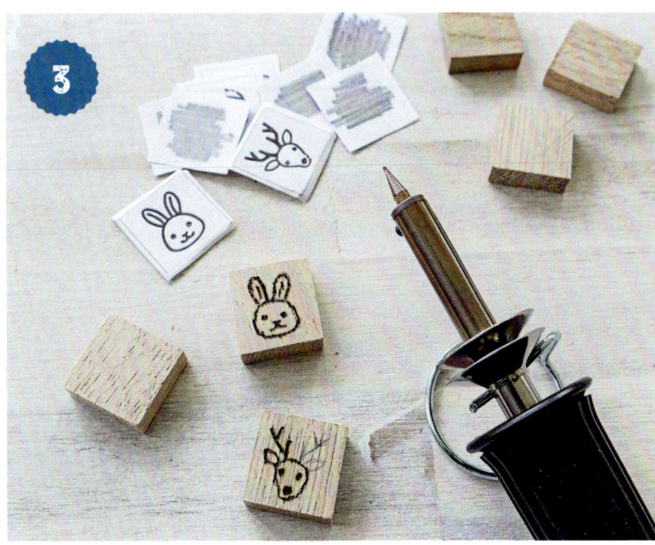

Material & Werkzeug:

CA. 5 EASY STICKS, SÄGE, SCHMIRGELPAPIER, BLEISTIFT, (EVTL. VORLAGEN + PAPIER), BRANDMALKOLBEN

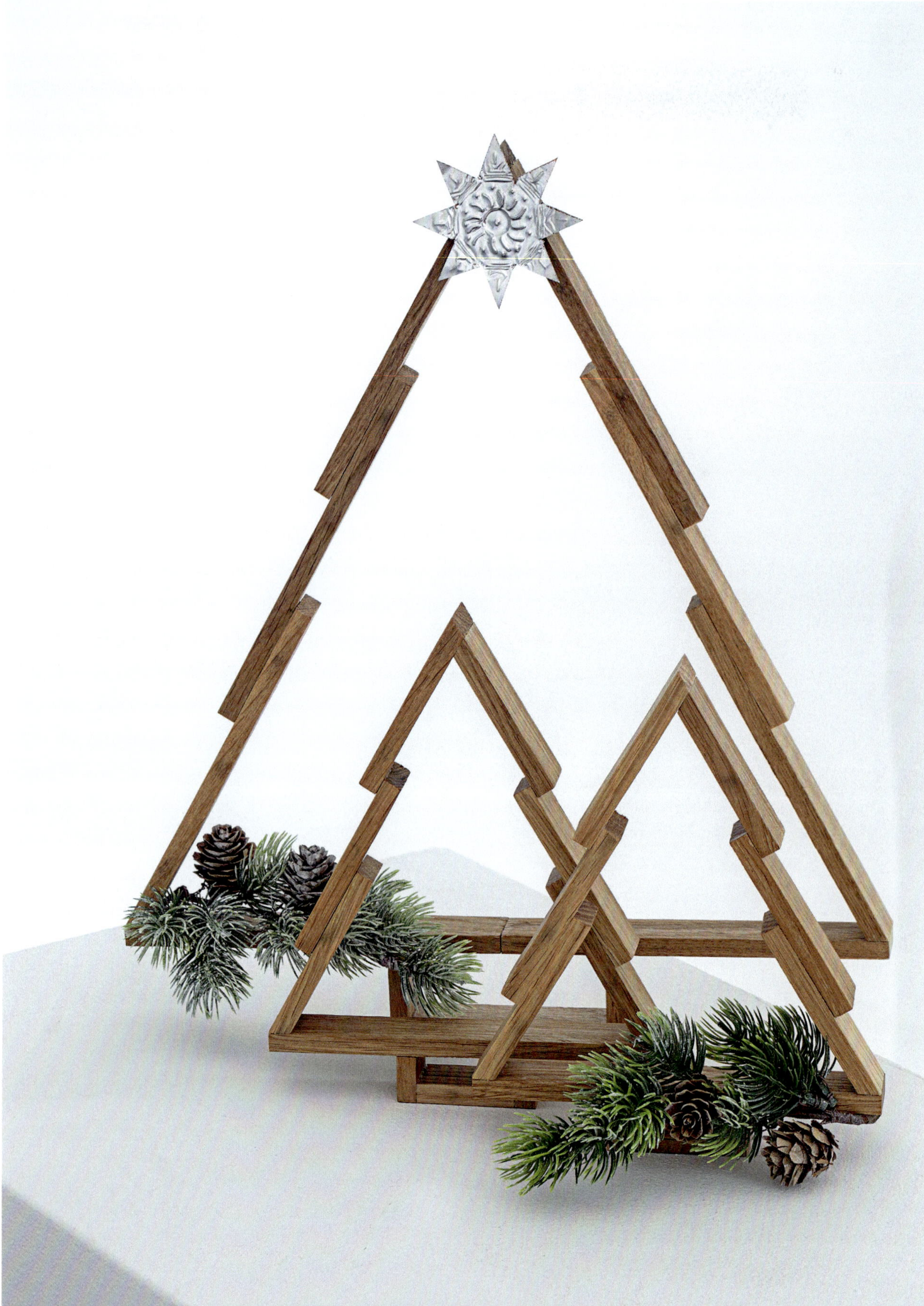

TANNENBAUM

WER ES NICHT MAG, WENN DER WEIHNACHTSBAUM AM ENDE IMMER SO FURCHTBAR NADELT, DER BASTELT SICH AM BESTEN SELBER EINEN BAUM. ODER ZWEI, ODER DREI ...

Und so geht's:

1. Bei diesem Projekt werden die Easy Sticks hochkant auf Gehrung gesägt. 4 Teile mit einem Winkel von 60° Grad an einer Seite, davon ein Teil ca. 1 cm kürzer. Ein Easy Stick wird gerade halbiert, davon ein Teil noch einmal halbiert. Alle Kanten glatt schmirgeln.

2. 2 gerade Teile, ohne Gehrung werden aneinandergeklebt. 2 Teile, ein längeres und ein kürzeres, werden für die Spitze wie in der Abbildung zusammengeklebt. Die kleinen Teile für den Fuß kann man ebenfalls vorbereiten und zusammenkleben.

3. Die 2 restlichen Teile mit Gehrungsschnitt werden auf die beiden Längsseiten geklebt. An diese kommen die beiden Teile ohne Gehrung. Den Fuß kann man unten ankleben.

4. Nachdem der Leim ausgehärtet ist, klebt man die Spitze an. Auch hier mit Klemmzwingen fixieren. Später die Kanten schmirgeln und anschließend mit Politur veredeln.

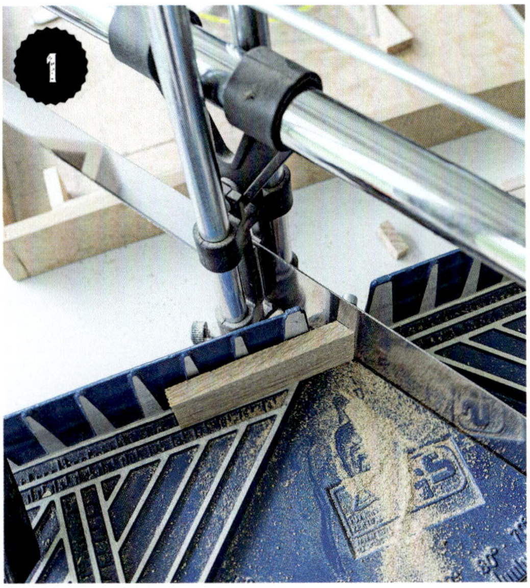

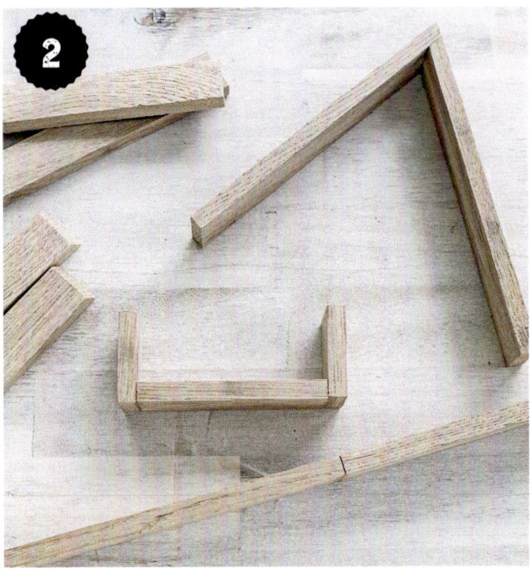

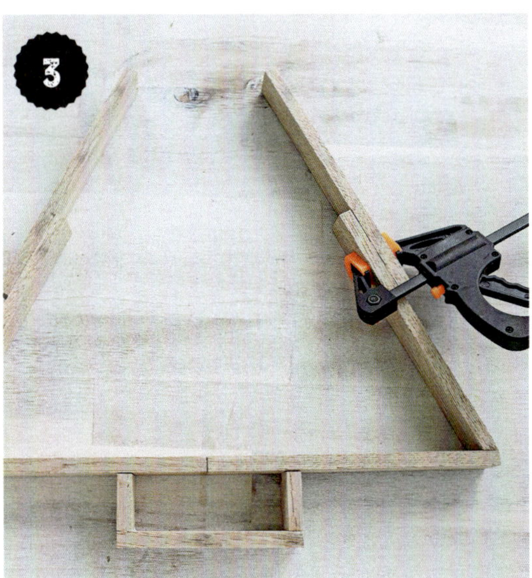

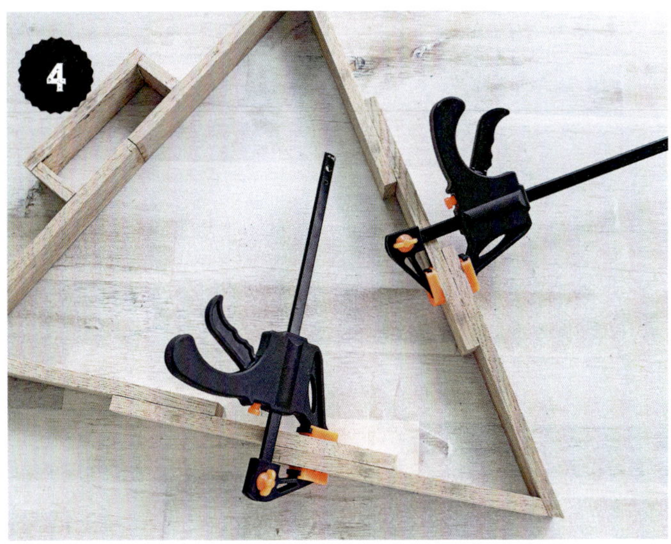

Material & Werkzeug:

9 EASY STICKS, HOLZLEIM, SÄGE, SCHMIRGELPAPIER, KLEMMZWINGEN, SCHUTZÖL, PINSEL

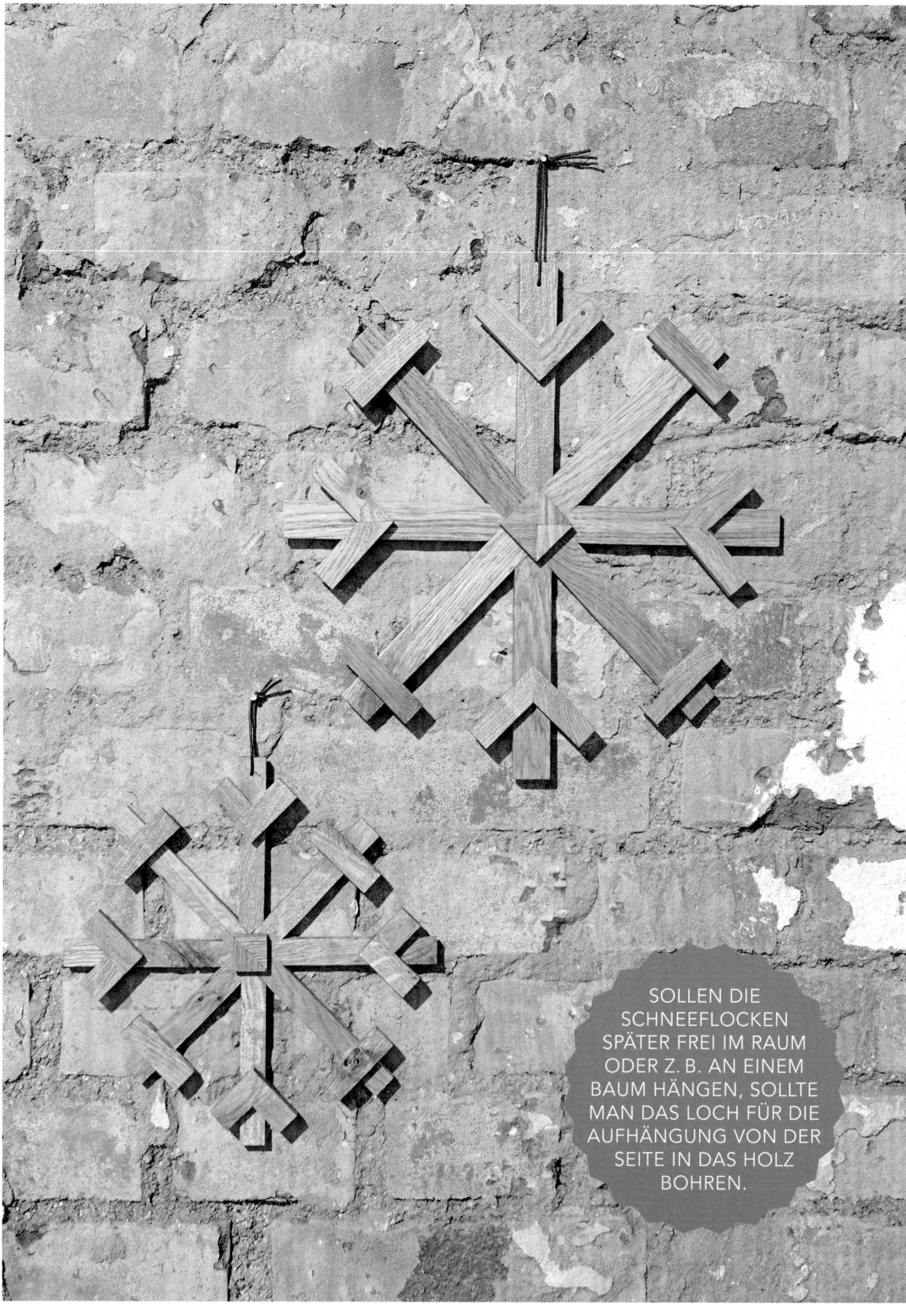

SOLLEN DIE SCHNEEFLOCKEN SPÄTER FREI IM RAUM ODER Z. B. AN EINEM BAUM HÄNGEN, SOLLTE MAN DAS LOCH FÜR DIE AUFHÄNGUNG VON DER SEITE IN DAS HOLZ BOHREN.

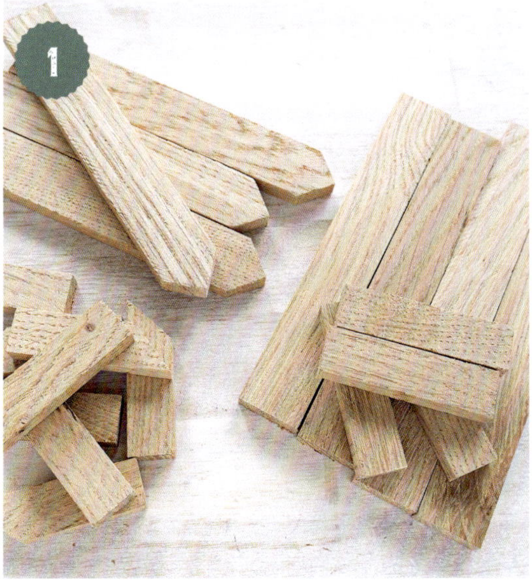

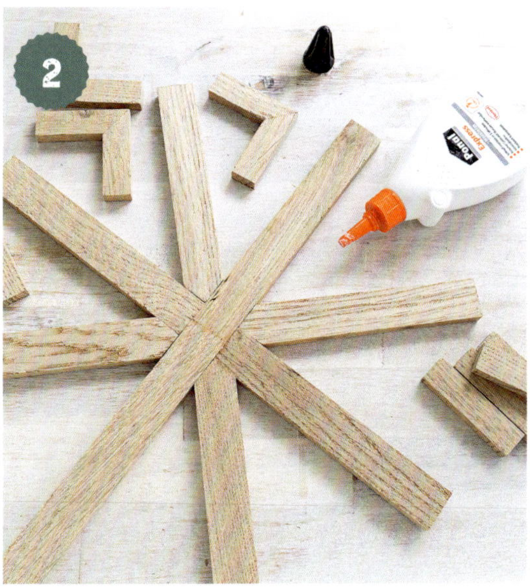

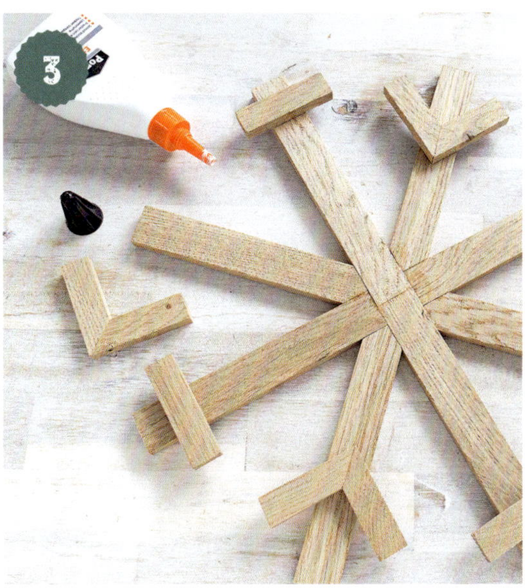

SCHNEEFLOCKEN

SCHON WIEDER KEIN SCHNEE ZU WEIHNACHTEN?
DANN SCHNELL SELBER WELCHEN MACHEN.
DIESE SCHNEEFLOCKE LÄSST SICH PRIMA ALS DEKO DRAUSSEN AUFHÄNGEN.

Und so geht's:

1. Zuschnitt: 2 x in Originallänge, 2 x 14,5 cm, 4 x 15 cm mit 2 x 45°-Grad-Schnitt, 4 x Easy Sticks small 6 cm, 8 x Easy Sticks small 5,5 cm mit 45°-Grad-Schnitt. Nach dem Zuschneiden alle Kanten glatt schmirgeln.

2. Zuerst die beiden langen Teile aneinanderkleben. Oben und unten dann die 14,5 cm langen Teile aufkleben und schließlich die 4 Eckstücke à 15 cm einpassen. Parallel dazu die 4 kleinen Winkel zusammenkleben. (Siehe auch Zeichnung mit Maßen auf Seite 95.)

Tipp: Wer sich die kleinen Winkel sparen möchte, sägt jeweils ein 5 cm Stück sowie ein 4 cm Stück und klebt diese im rechten Winkel zusammen.

3. Ist alles fest verklebt, kann man die einzelnen Teile aufkleben. An einer Leiste noch ein Loch bohren, um die Schneeflocke aufhängen zu können. Wer mag, kann aus kleinen Resten noch eine Verzierung in die Mitte kleben. Die fertige Schneeflocke nach dem Aushärten des Leims mit Schutzöl versiegeln.

Material & Werkzeug:

8 EASY STICKS, 5-6 EASY STICKS SMALL, SÄGE, SCHMIRGELPAPIER, BOHRER, HOLZLEIM, SCHUTZÖL, PINSEL, SCHNUR

11-20
EASY STICKS

EIN KLEINER STAPEL EASY STICKS LÄSST SICH IN TOLLE PROJEKTE VERWANDELN, BEI DENEN MAN GERNE ZWEIMAL HINSCHAUT. WIE? SELBSTGEBAUT?

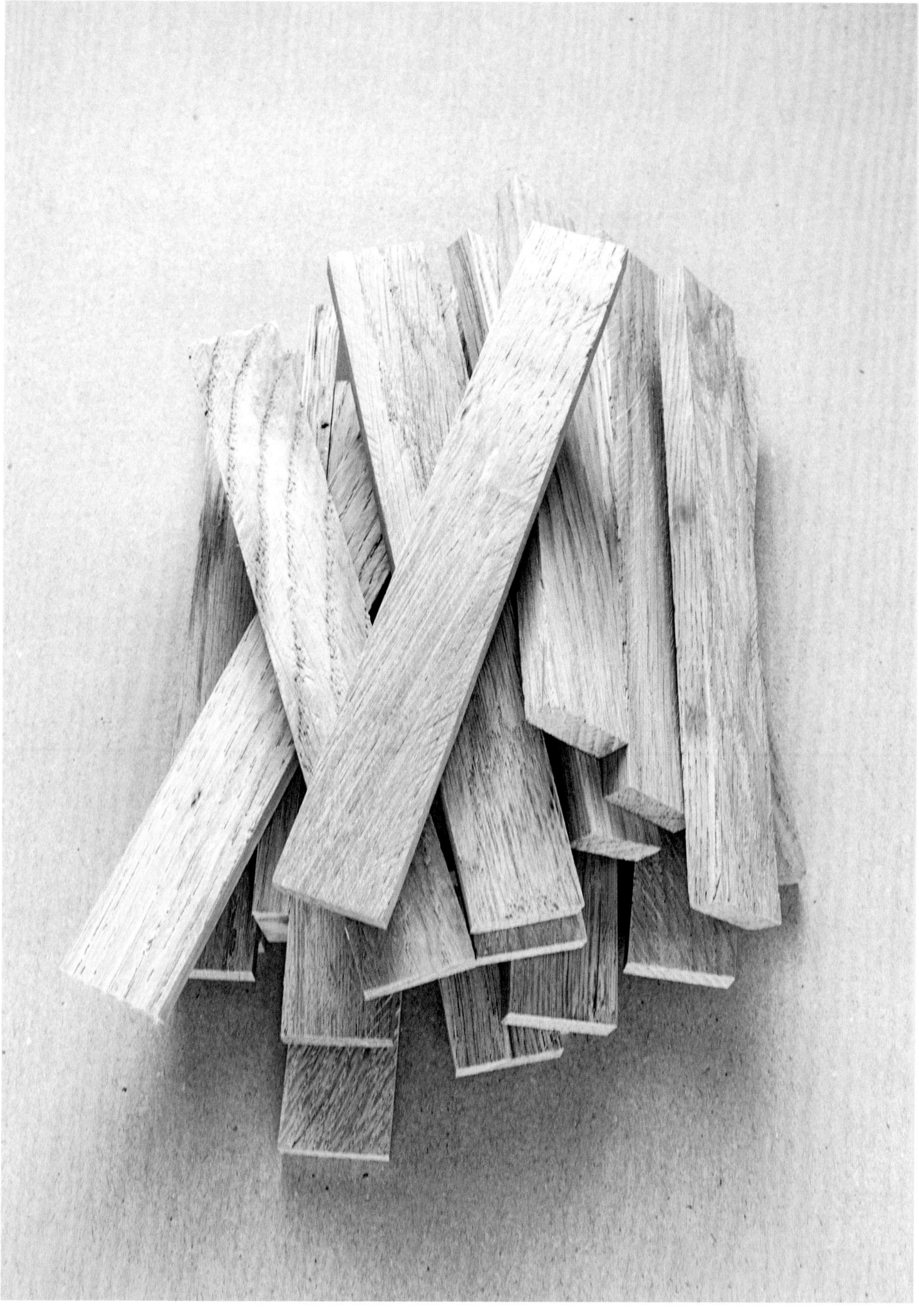

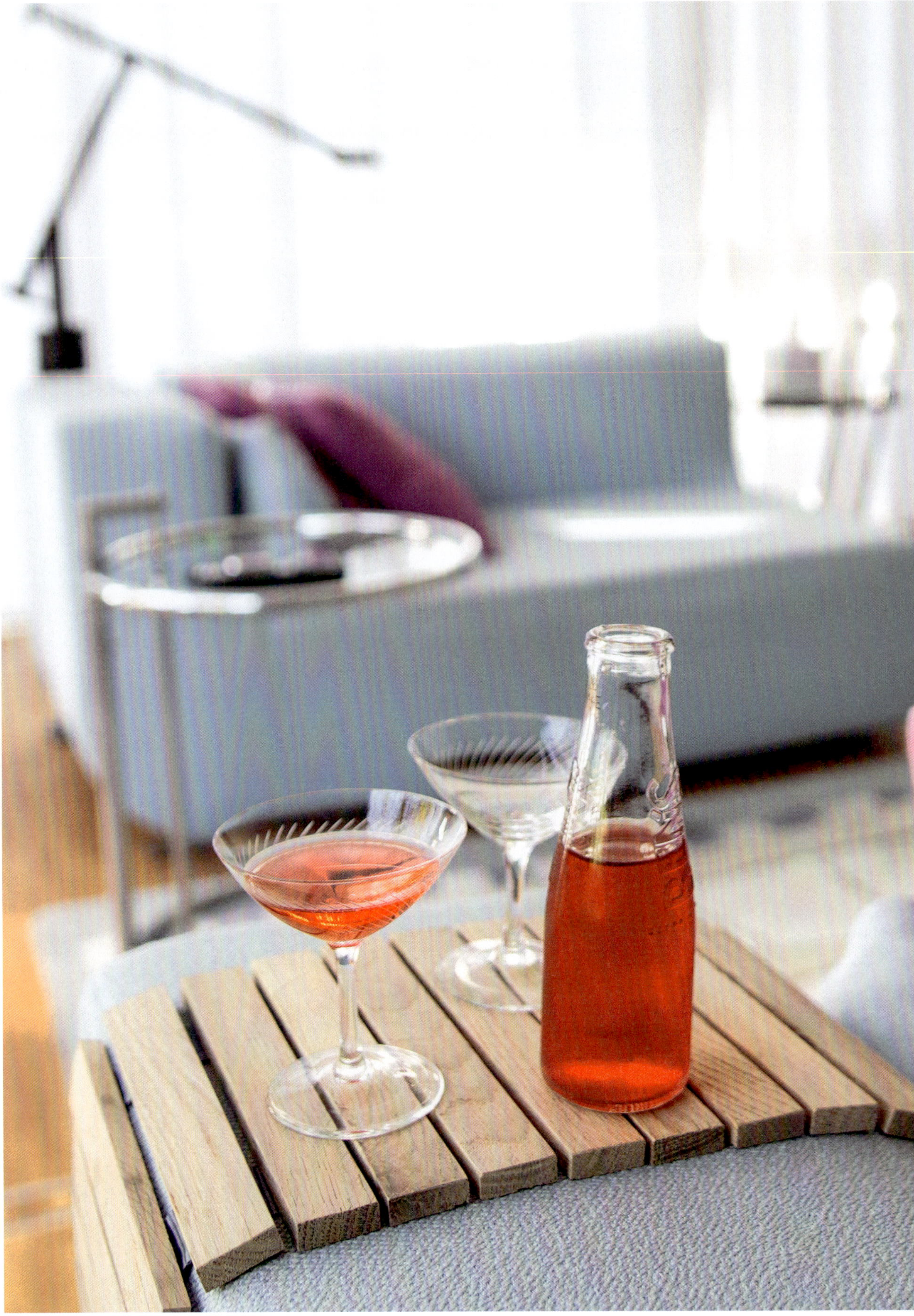

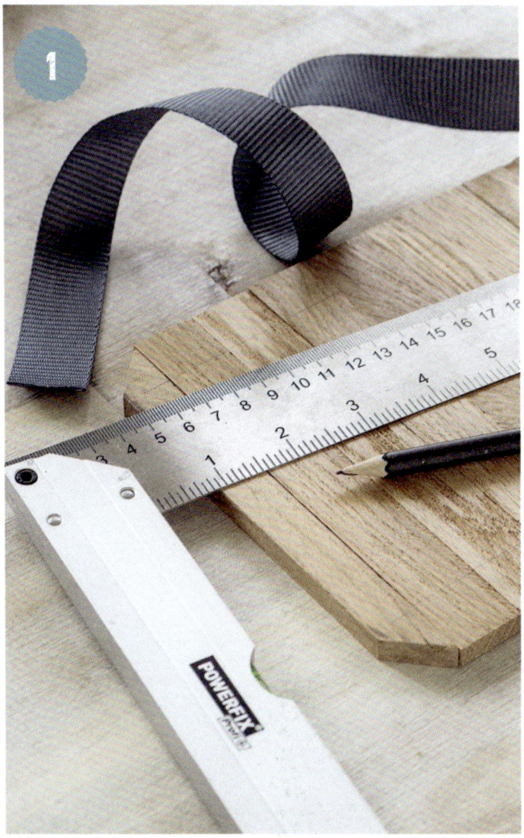

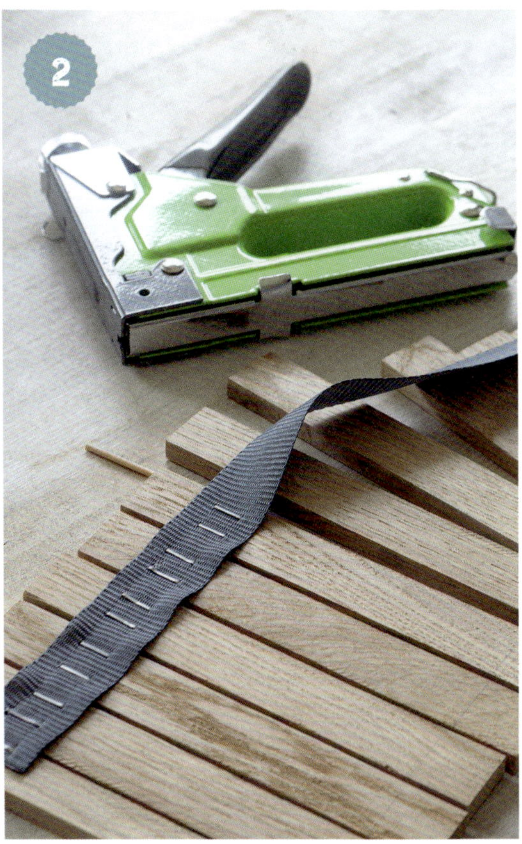

SOFA-ABLAGE

SO ANSCHMIEGSAM KANN HOLZ SEIN. UND SO NÜTZLICH. GEMÜTLICH AUF DEM SOFA SITZEN UND EIN GETRÄNK GENIESSEN ODER EINFACH NUR UM EIN BUCH ODER DIE BRILLE ABZULEGEN.

Und so geht's:

1. Mit Winkeleisen und Bleistift markiert man sich die Position des Gurtbandes. Die beiden äußeren schmalen Hölzchen kann man zuvor anschrägen, so erhält man einen schönen Abschluss. Die Kanten anschließend schmirgeln.

2. Damit die Abstände zwischen den einzelnen Hölzchen immer gleich sind, kann man einen kleinen Holzspieß verwenden, den man als Abstandhalter dazwischen legt.

Das Gurtband mit einem Feuerzeug an den Enden ankokeln, damit es nicht ausfranst, und ein kleines Stück umschlagen. Dann beginnt man mit dem Auftackern. Am Ende dann ebenfalls ein Stück einschlagen und festtackern. Mit dem zweiten Gurtband ebenso verfahren.

Material & Werkzeug:

18 EASY STICKS, 2 EASY STICKS SMALL. SÄGE, HOLZSPIESS, SCHMIRGELPAPIER, WINKELEISEN, BLEISTIFT, GURTBAND, TACKER

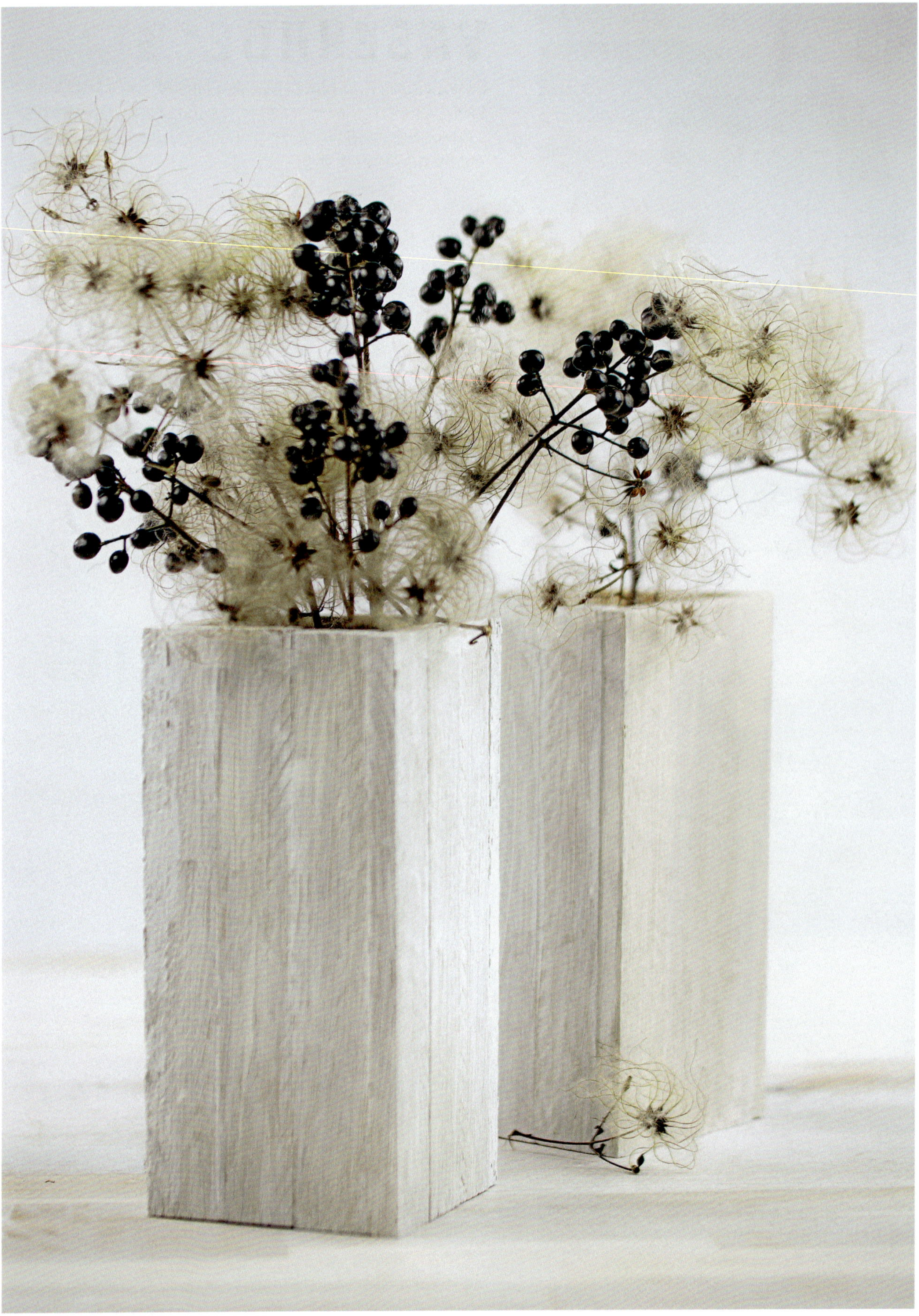

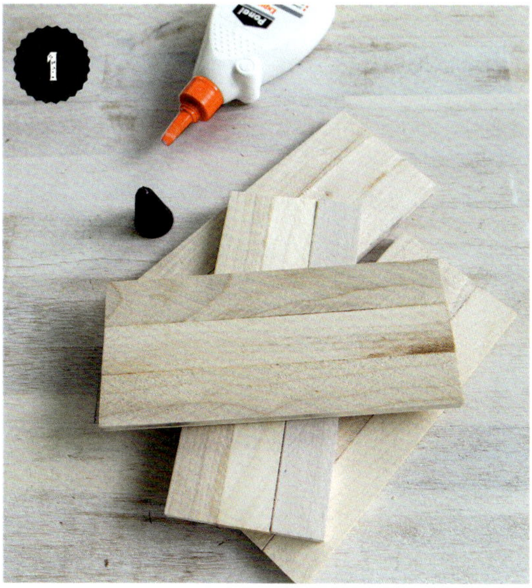

VASENHUSSE

MANCHMAL HAT MAN EINFACH NICHT DIE PASSENDE VASE. DAFÜR ABER LEERGUT, DASS MAN ALS VASE NUTZEN KÖNNTE. SIEHT NUR NICHT SO SCHÖN AUS. WAS TUN? VERSTECKEN!!!

Und so geht's:

1. Für eine Vasenhusse werden 4 x 3 Easy Sticks zusammengeklebt.

2. Dann jeweils 2 dieser Teile zusammenkleben.

3. Diese dann wiederum zusammenkleben.

4. Und nachdem der Leim getrocknet ist, mit weißer Lasurfarbe einpinseln.

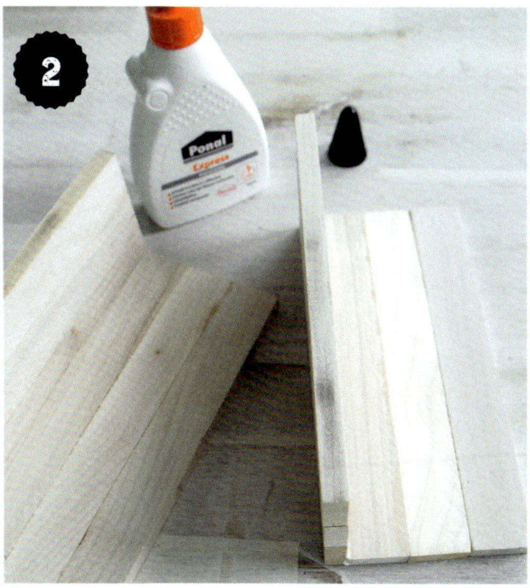

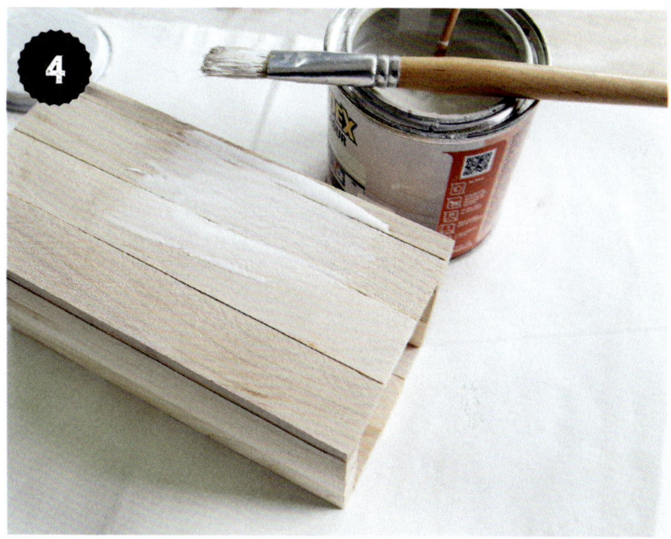

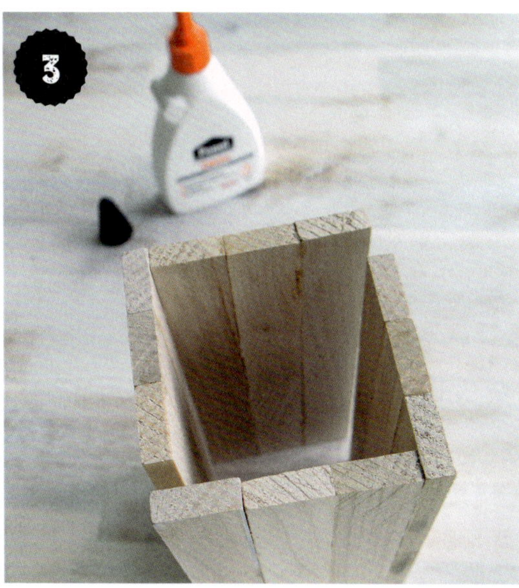

Material & Werkzeug:

12 EASY STICKS, HOLZLEIM, LASUR, PINSEL, GLAS

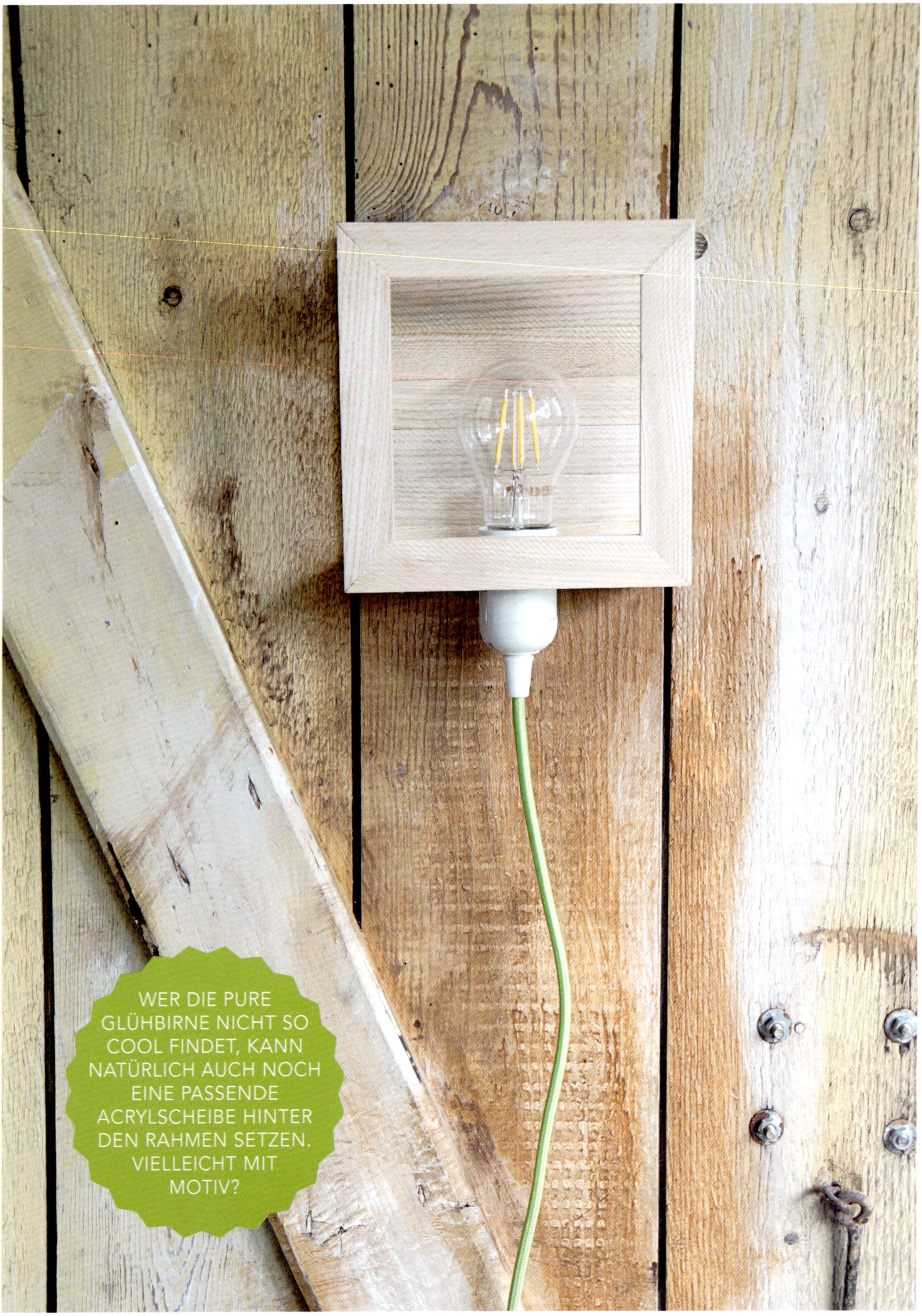
WER DIE PURE GLÜHBIRNE NICHT SO COOL FINDET, KANN NATÜRLICH AUCH NOCH EINE PASSENDE ACRYLSCHEIBE HINTER DEN RAHMEN SETZEN. VIELLEICHT MIT MOTIV?

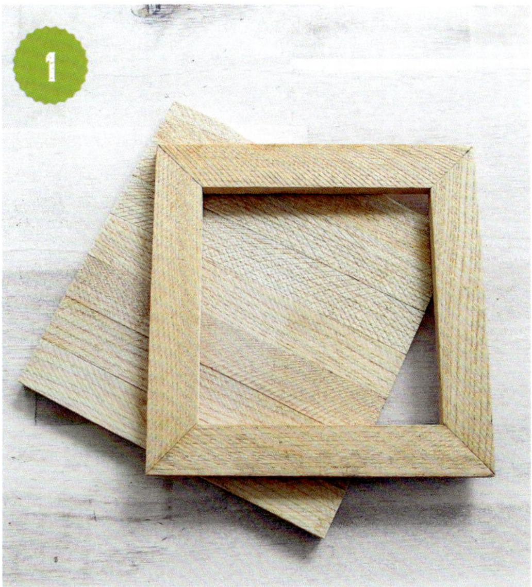

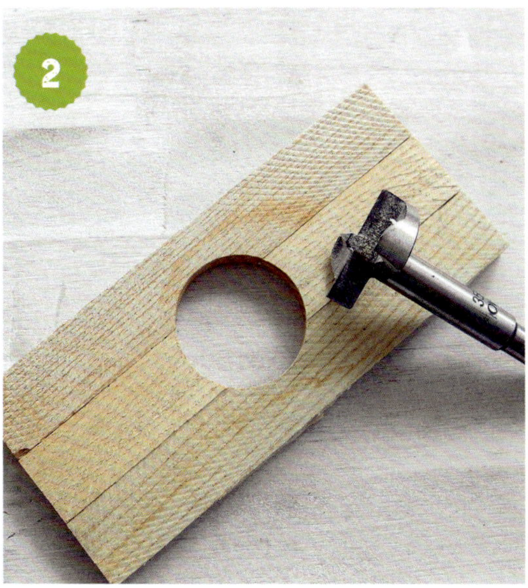

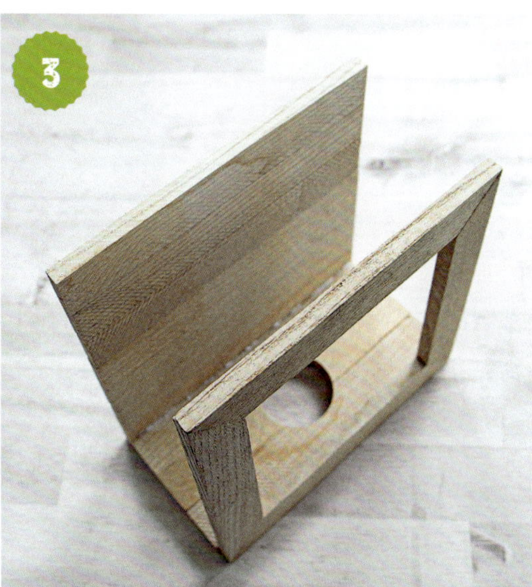

WANDLAMPE

WER SCHON IMMER MAL EINE EIGENE LAMPE BAUEN WOLLTE, KANN SICH MIT DEN EASY STICKS SO RICHTIG AUSTOBEN. HIER EIN KLEINES, EINFACHES WANDMODELL ZUM EINSTIEG.

Und so geht's:

1. Als Erstes werden 7 Easy Sticks aneinandergeklebt. 4 weitere Easy Sticks werden auf Gehrung gesägt (45°), sodass man daraus einen kleinen Rahmen kleben kann.

2. Dann klebt man 3 Easy Sticks zusammen und sägt anschließend mit einem Forstnerbohrer ein passendes Loch in die Mitte. Der Durchmesser ergibt sich aus dem Lampenset, das man verwenden möchte. Die Kanten des Lochs ein wenig glatt schmirgeln.

3. Anschließend alle drei Teile mit Holzleim zusammenkleben.

4. Die Lampenfassung nach Anleitung an der Unterseite der Lampe montieren. Aufhängen kann man die Lampe mit einem kleinen Haken, den man auf der Rückseite befestigt.

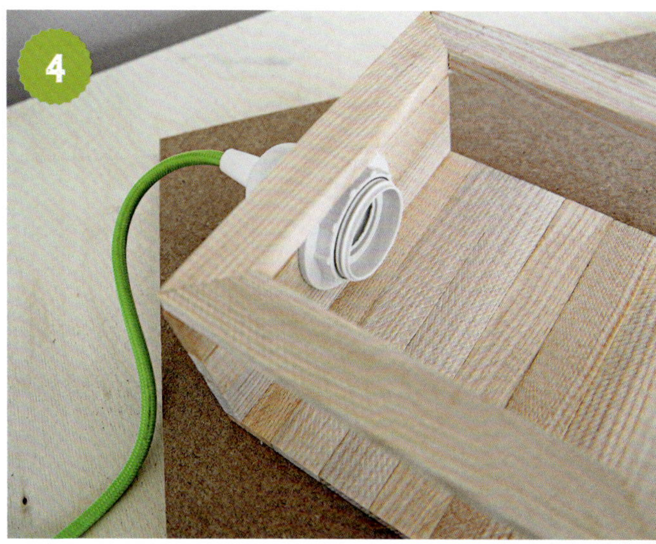

Material & Werkzeug:

14 EASY STICKS, HOLZLEIM, SÄGE, FORSTNERBOHRER, SCHMIRGELPAPIER, FERTIGE LAMPENFASSUNG MIT KABEL, GLÜHBIRNE, AUFHÄNGUNG

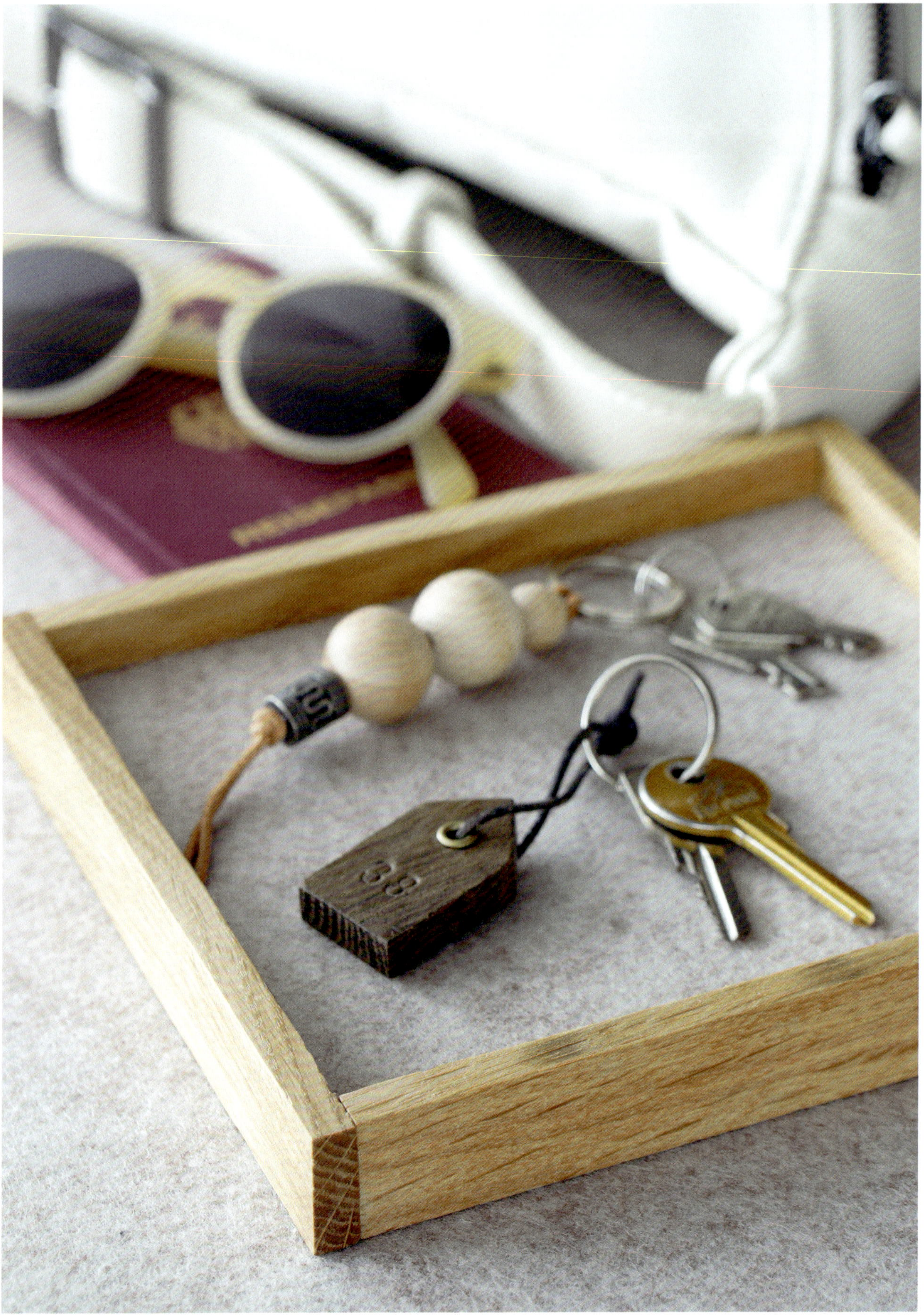

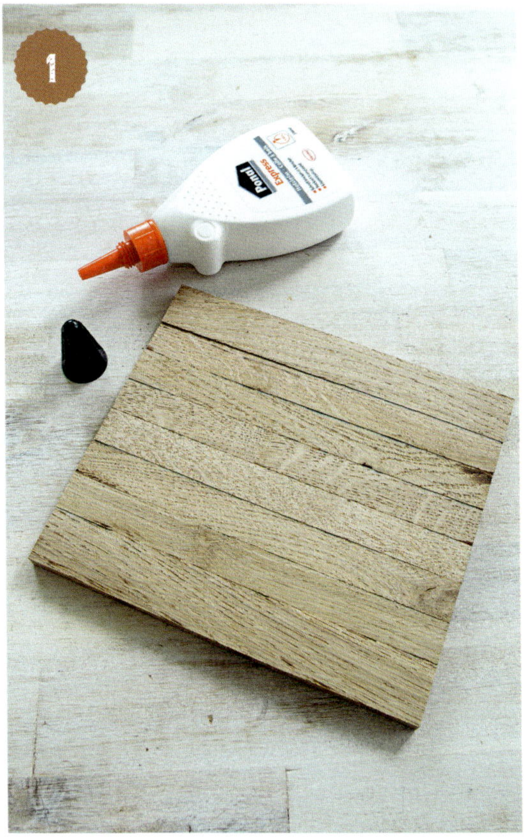

MINITABLETT

SO EIN MINITABLETT BIETET EINEN FESTEN PLATZ FÜR DIE SCHLÜSSEL ODER WAS MAN SONST NICHT VERGESSEN DARF, WENN MAN AUS DEM HAUS GEHT. AUCH ALS SCHMUCKABLAGE EINE PRIMA IDEE.

Und so geht's:

1. Zunächst werden 2 Easy Sticks normal und 6 Easy Stick Small zu einer Platte aneinandergeklebt.

2. Anschließend die restlichen 4 Easy Sticks hochkant drumherum festkleben. Nach dem Trocknen des Leims die Kanten schmirgeln und mit Schutzöl behandeln.

3. Ist das Schutzöl getrocknet, schneidet man mit Lineal und Cutter ein Stück Filz in der gewünschten Farbe zurecht und legt es auf das Tablett.

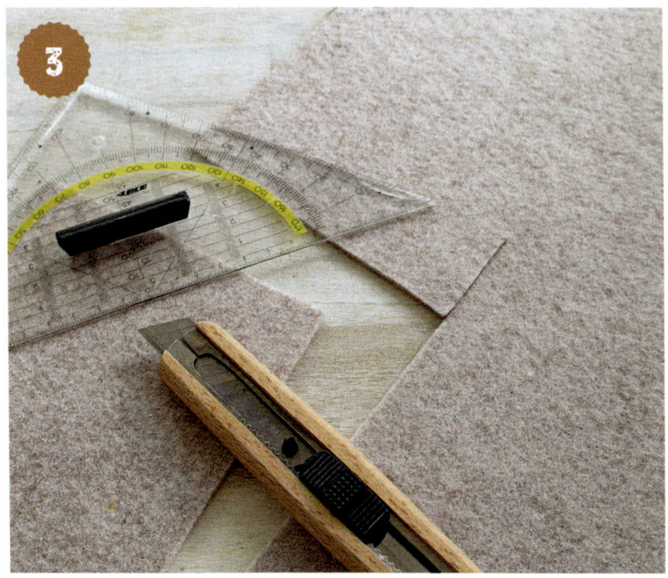

Material & Werkzeug:

12 EASY STICKS, HOLZLEIM, SCHUTZÖL, PINSEL, SCHMIRGELPAPIER, FILZ, CUTTER, LINEAL

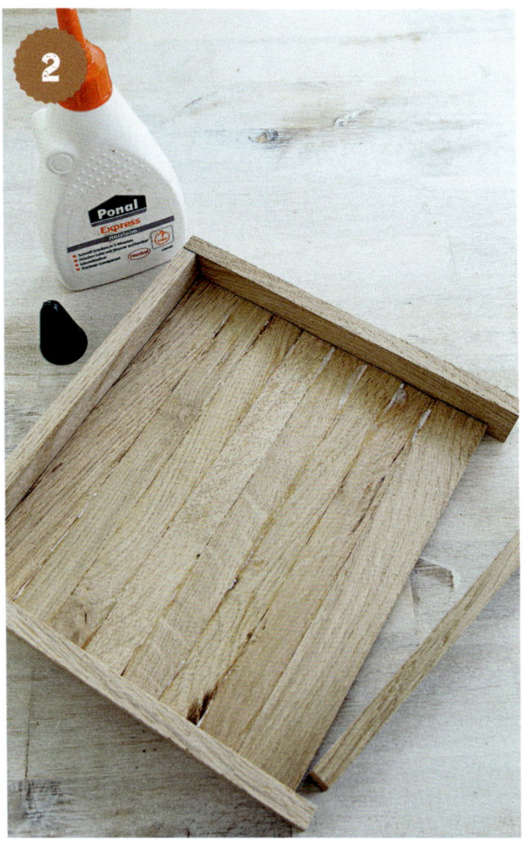

FÜR EINEN COOLEN VINTAGE-EFFEKT MALT MAN MIT EINEM GROBEN PINSEL UND ETWAS WEISSER ACRYLFARBE SPÄTER NOCH MAL ÜBER DIE BLAUE FARBE.

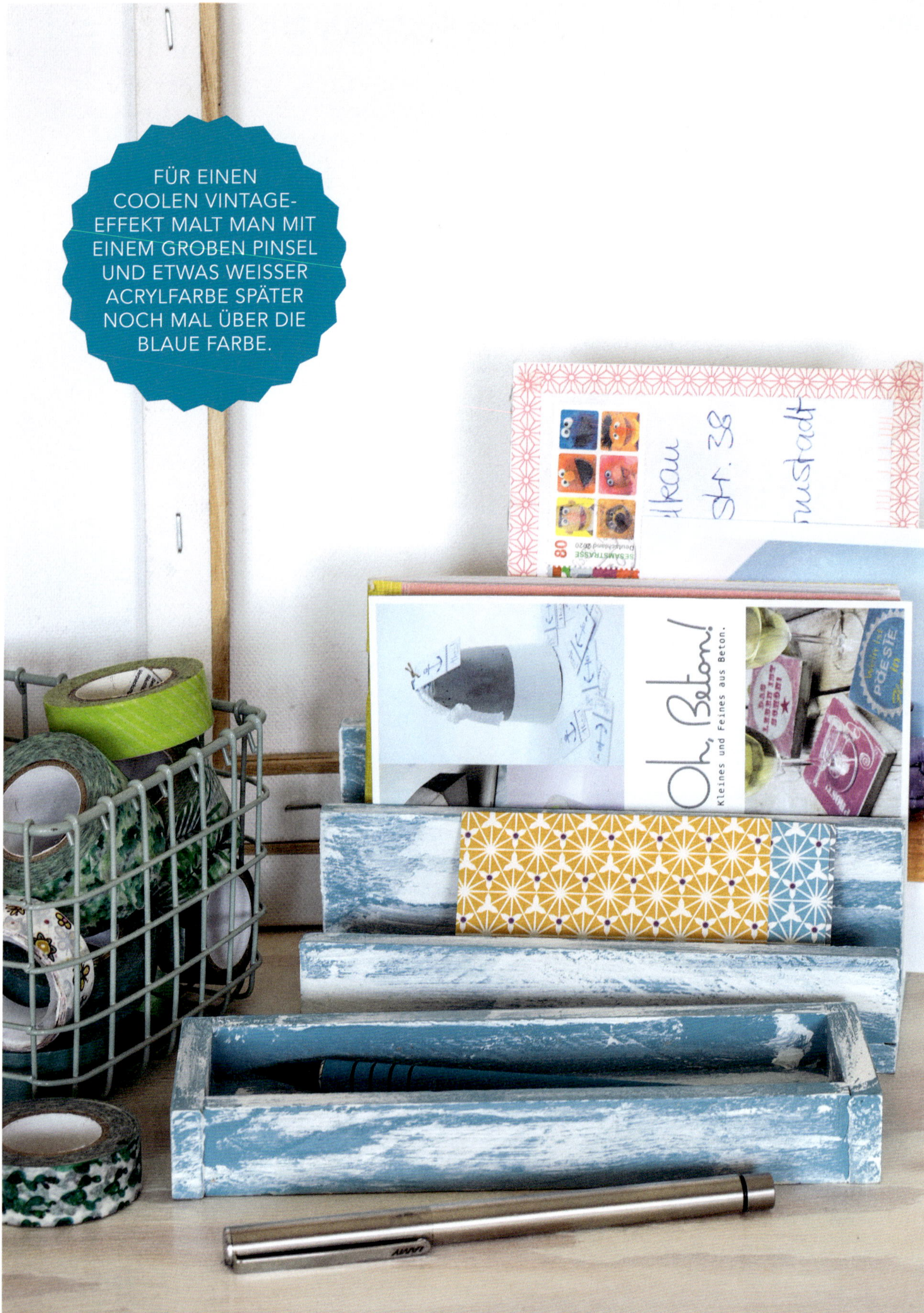

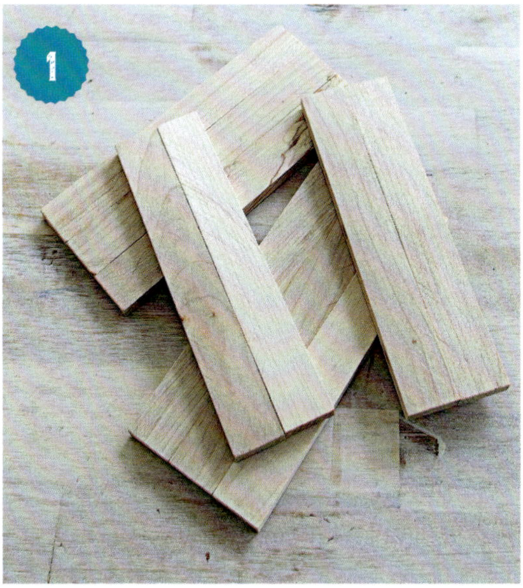

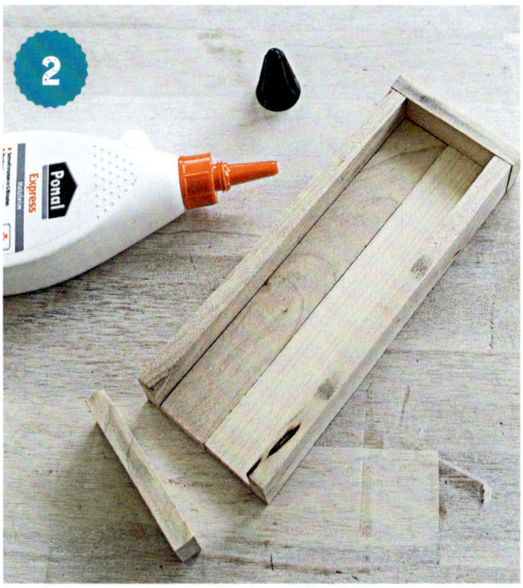

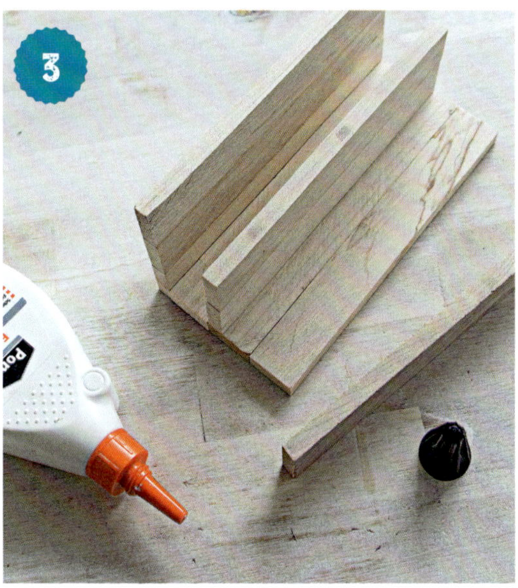

SCHREIBTISCH-SET

ORDNUNG AUF DEM SCHREIBTISCH IST EIGENTLICH GAR NICHT SO SCHWER. VORAUSGESETZT MAN HAT DAFÜR DIE RICHTIGE ABLAGE. VOILÀ!

Und so geht's:

1. Für das Set werden 2 x 3 Easy Sticks und 2 x 2 Easy Sticks zusammengeklebt.

2. Für die Stiftablage klebt man anschließend an den beiden Längsseiten jeweils eine Leiste an und sägt sich 2 Easy Sticks für die kurzen Seiten zurecht. Deren Kanten schmirgeln und mit Holzleim ankleben.

3. Dann klebt man die beiden Teile à 3 Easy Sticks im rechten Winkel aneinander. Das Zweierteil wird in der Mitte aufgeklebt und an der Vorderseite noch einmal ein einzelnes Easy Stick.

4. Dann mit der gewünschten Farbe anmalen.

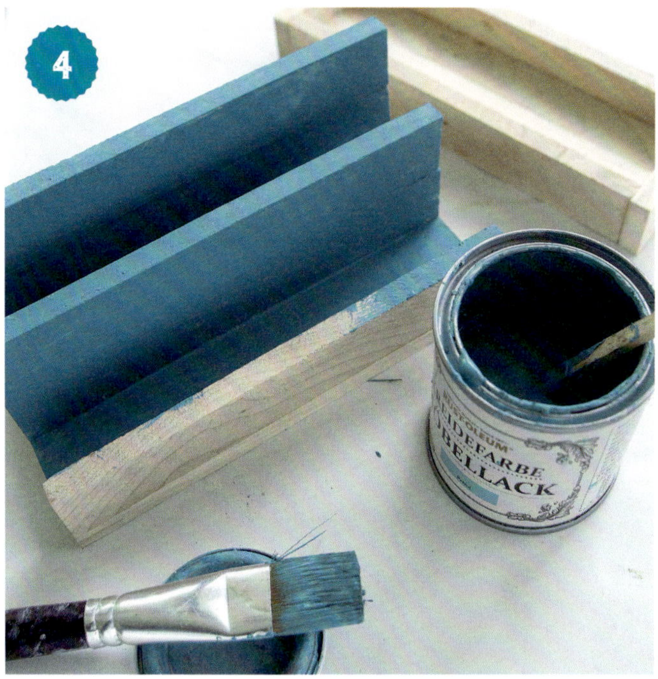

Material & Werkzeug:

14 EASY STICKS, SÄGE, SCHMIRGELPAPIER, HOLZLEIM, KREIDEFARBE, PINSEL

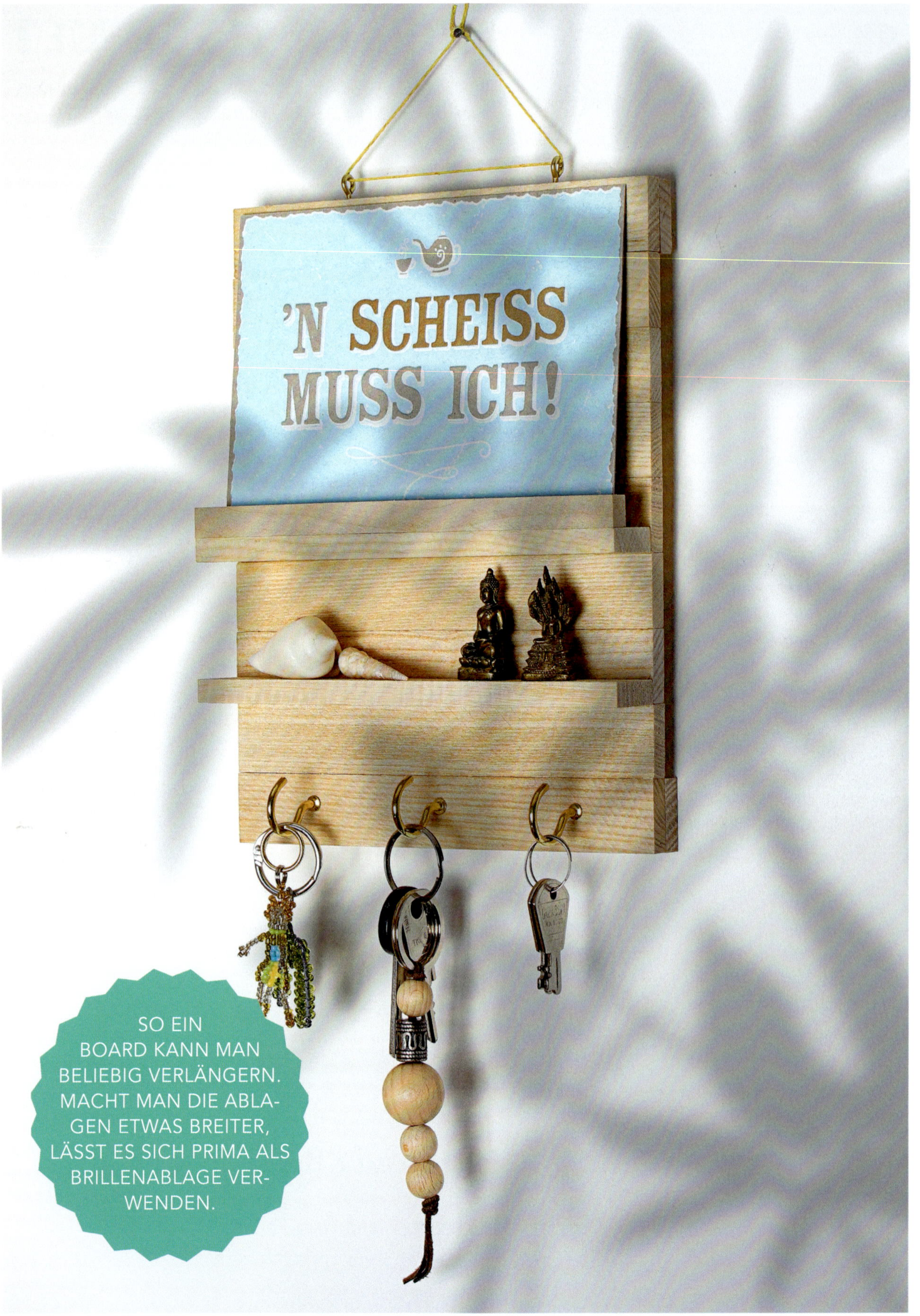

SO EIN BOARD KANN MAN BELIEBIG VERLÄNGERN. MACHT MAN DIE ABLAGEN ETWAS BREITER, LÄSST ES SICH PRIMA ALS BRILLENABLAGE VERWENDEN.

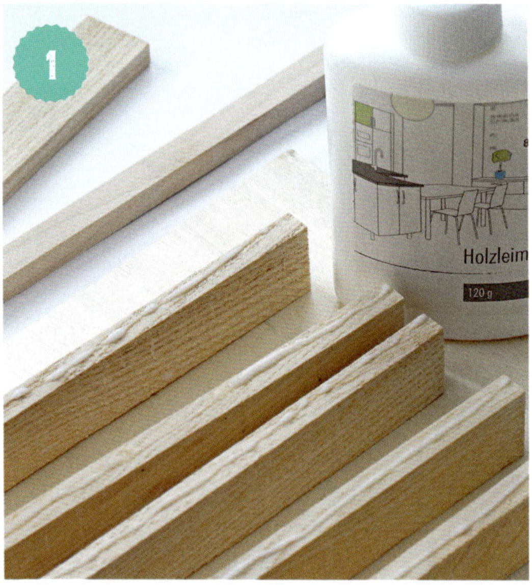

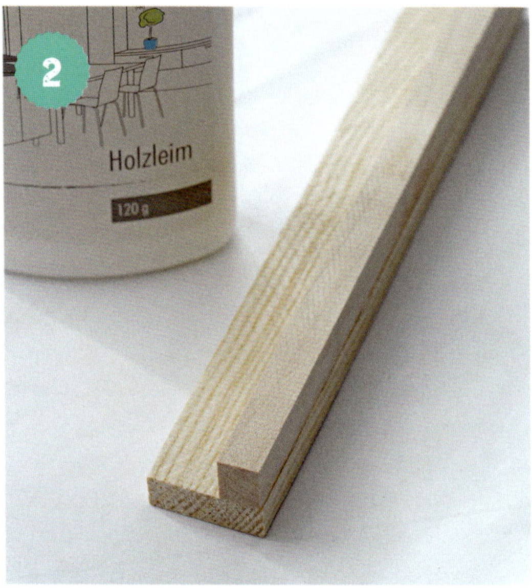

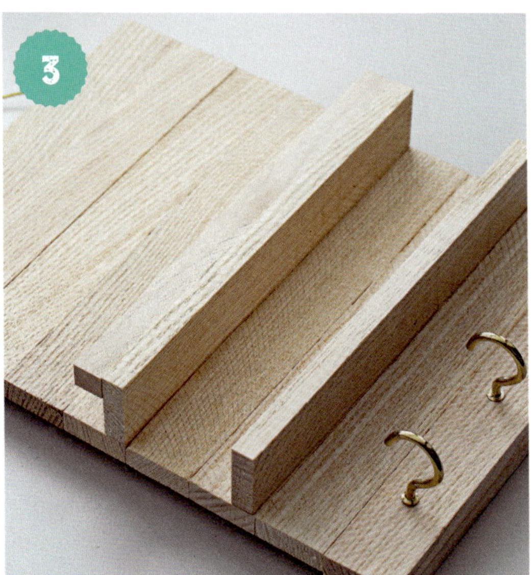

SCHLÜSSELBOARD

KLARE ANSAGE FÜR DEN NEUEN TAG. ABER HAUPTSACHE, MAN WEISS, WO DER SCHLÜSSEL HÄNGT.

Und so geht's:

1. Für die Rückwand des kleinen Boards werden 9 Easy Sticks zusammengeklebt. Zusätzlich noch oben und unten auf die Rückseite jeweils ein Easy Stick kleben.

2. Für den Kartenhalter klebt man auf ein Easy Stick eine kleine Vierkantleiste. (Alternativ ein zusätzliches Easy Stick Small)

3. Diese Leiste und eine zusätzliche werden auf die Vorderseite des Boards geklebt: der Kartenhalter am fünften Easy Stick und die kleine Ablage am siebten Easy Stick. In das letzte Easy Stick dreht man 3 Schraubhaken für die Schlüssel ein.

An der Oberseite dreht man die 2 kleinen Ringschrauben ein, um das Board aufzuhängen. Alternativ kann man auf der Rückseite wieder einen stabilen Bilderhalter ankleben.

Material & Werkzeug:

13 EASY STICKS, KLEINE VIERKANTLEISTE (ALTERNATIV EASY STICK SMALL), HOLZLEIM, 2 RINGSCHRAUBEN, 3 HAKEN, SCHNUR

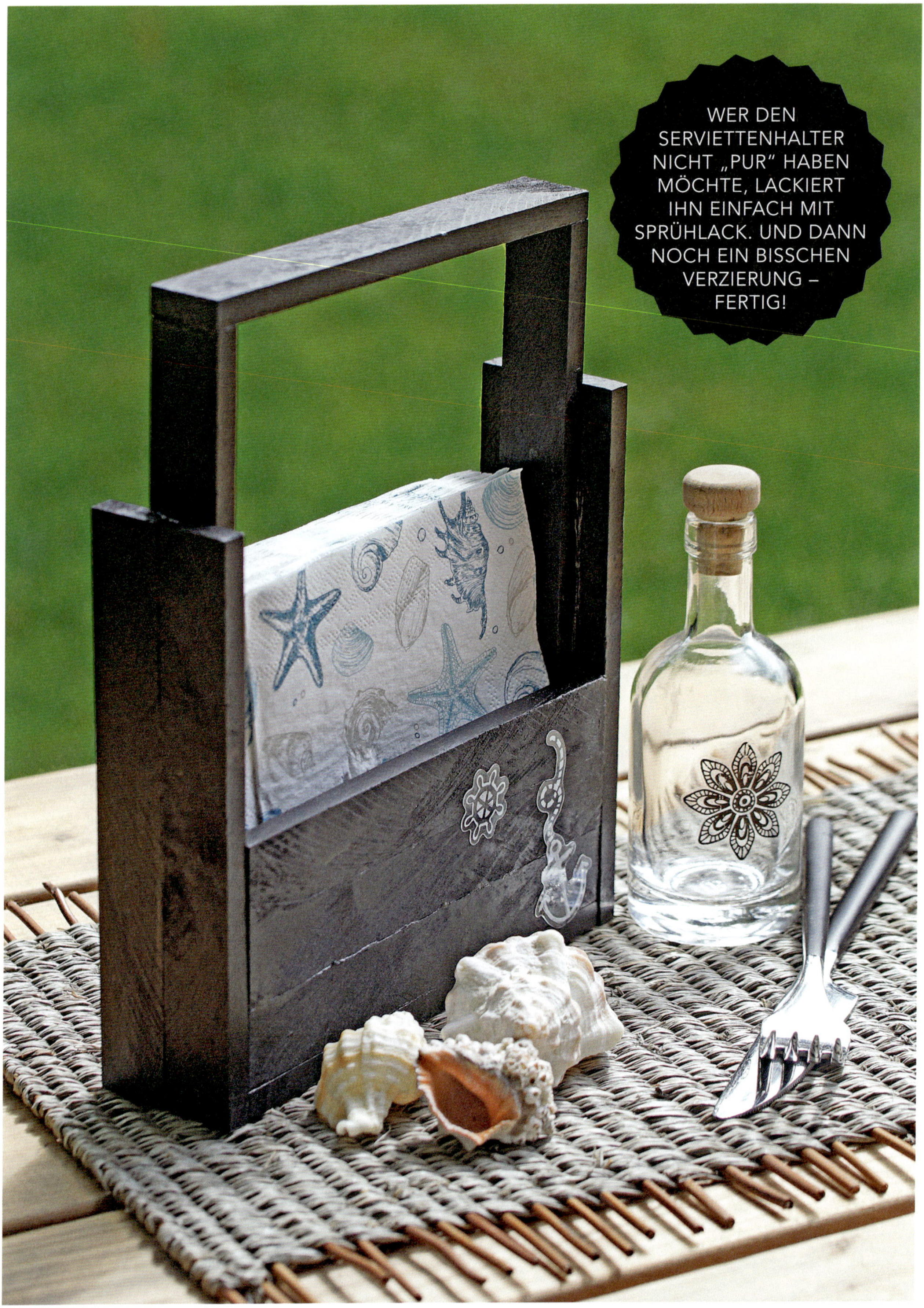

WER DEN SERVIETTENHALTER NICHT „PUR" HABEN MÖCHTE, LACKIERT IHN EINFACH MIT SPRÜHLACK. UND DANN NOCH EIN BISSCHEN VERZIERUNG – FERTIG!

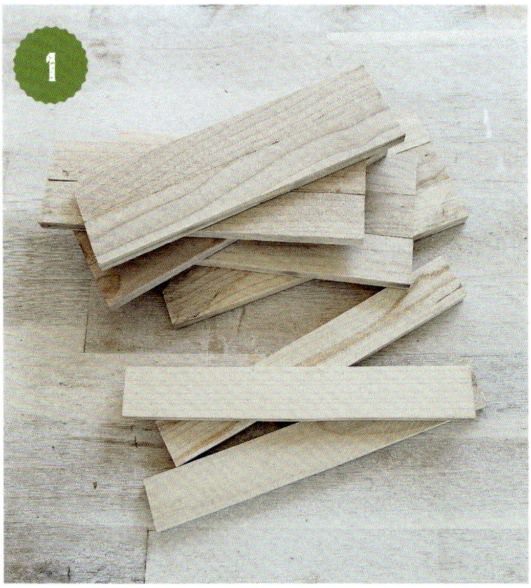

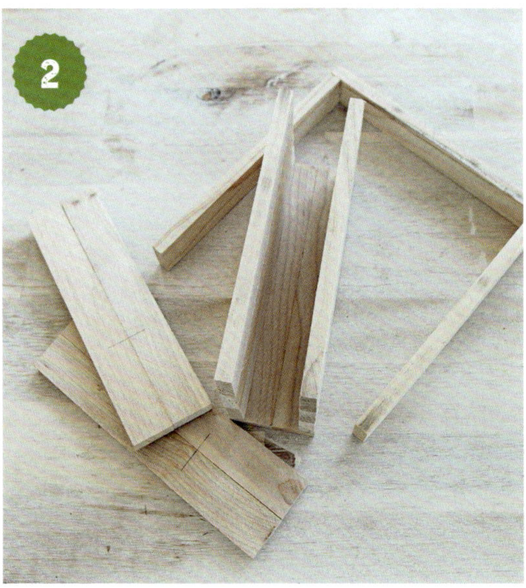

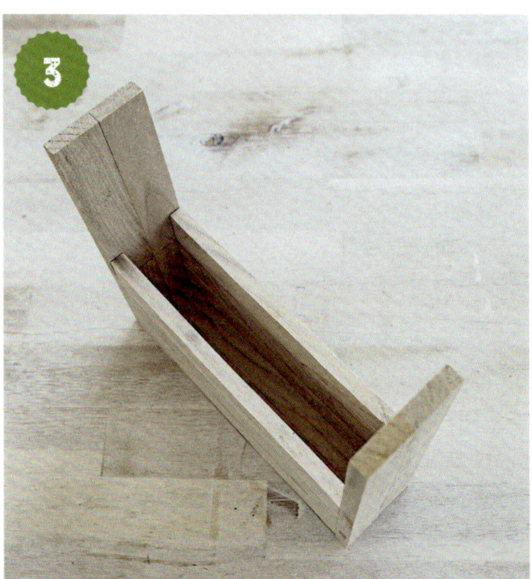

SERVIETTENHALTER

NICHT JEDER BRAUCHT EINE UND NICHT JEDER BENUTZT EINE. GEMEINT IST DIE SERVIETTE. ALSO EINFACH EIN PAAR AUF DEN TISCH STELLEN. SO KANN SICH JEDER BEI BEDARF BEDIENEN.

Und so geht's:

1. Zur Vorbereitung werden 3 x 2 Easy Sticks und 2 x 3 Easy Sticks zusammengeklebt.

2. Dann die beiden 3er-Platten auf eine 2er-Platte kleben. Parallel dazu einen kleinen Rahmen aus 3 Easy Sticks kleben. Dazu das obere Easy Stick auf die beiden anderen kleben.

3. Mit den beiden 2er-Platten nun noch die Seiten schließen, sodass ein kleiner Kasten entsteht.

4. Zum Schluss wird der kleine Rahmen an den schmalen Innenseiten als Henkel festgeklebt. Dazu am besten kleine Klemmzwingen verwenden, damit die Easy Sticks nicht verrutschen können.

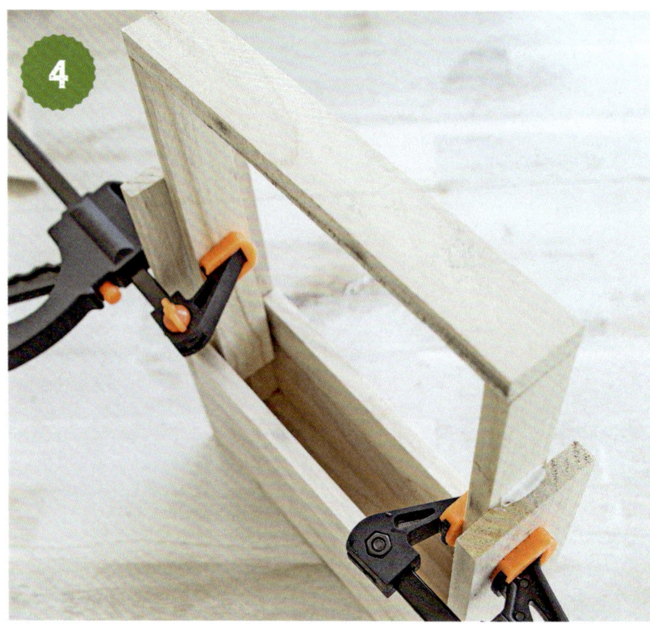

Material & Werkzeug:

15 EASY STICKS, HOLZLEIM, KLEMMZWINGEN

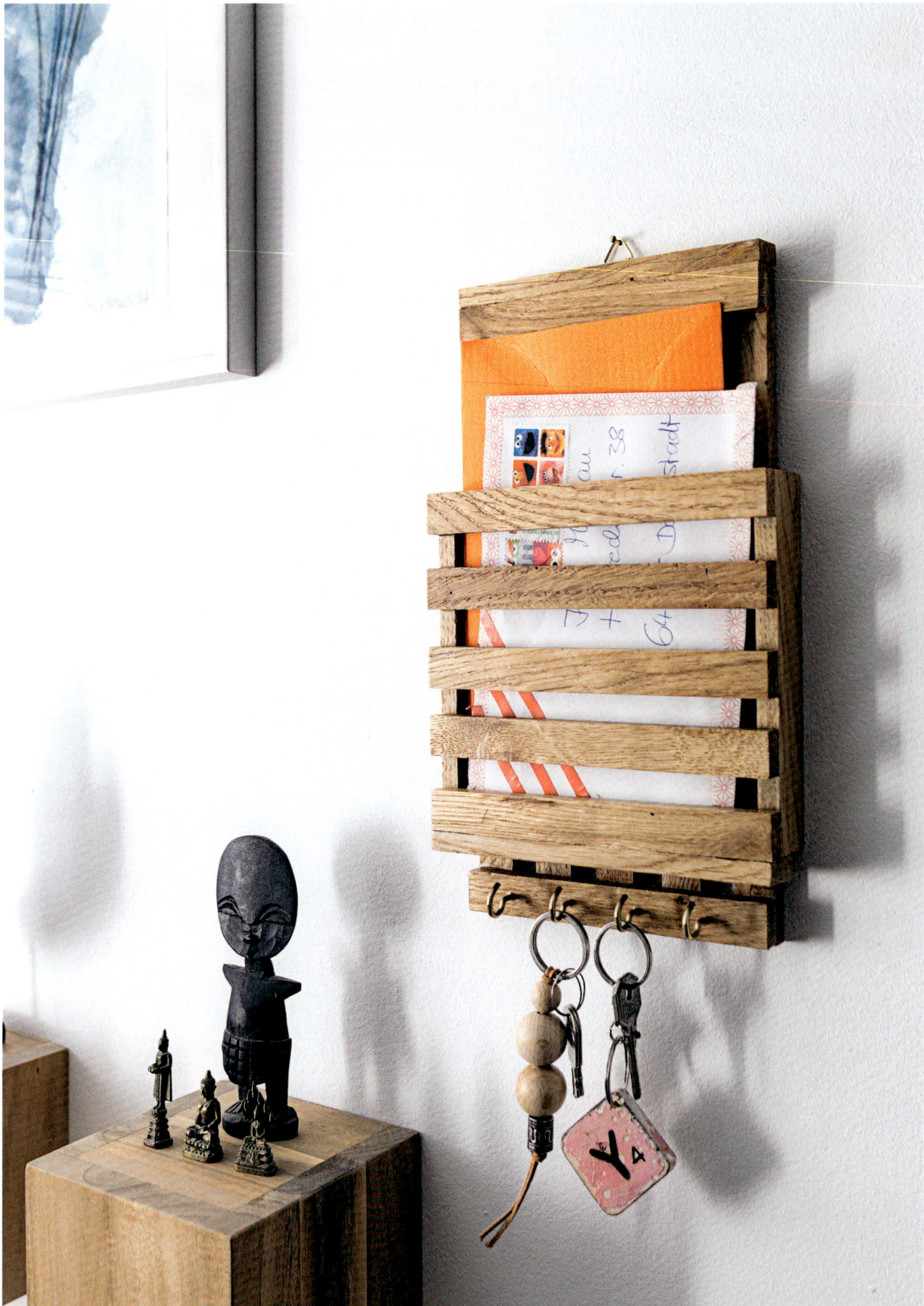

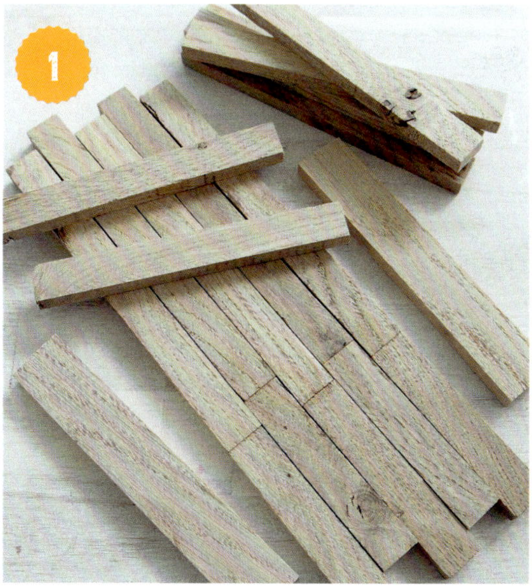

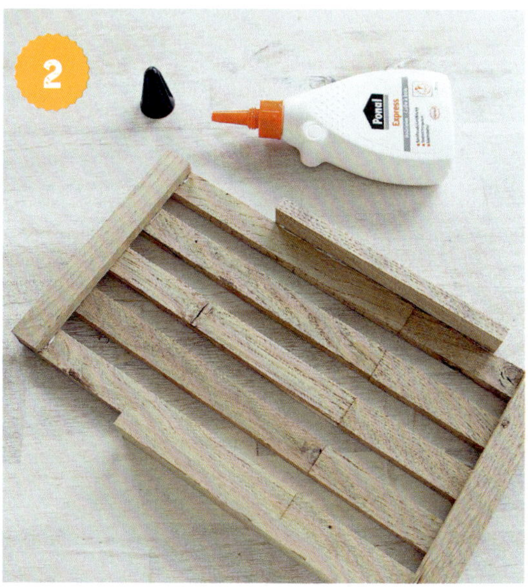

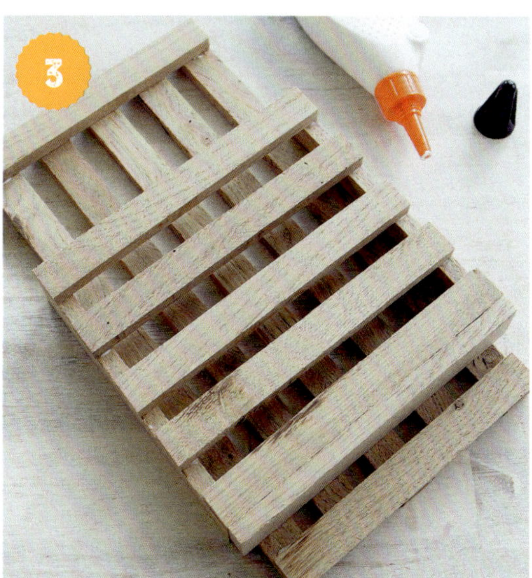

POSTFACH

HAT SCHON JEMAND IN DEN BRIEFKASTEN GESCHAUT? WAR WAS FÜR MICH DABEI? WER AB JETZT DIE POST HOLT, STECKT SIE ORDENTLICH INS POSTFACH, WO JEDER NACHSCHAUEN KANN, OB WAS SPANNENDES DABEI IST.

Und so geht's:

1. Man benötigt 5 Easy Sticks Small in Originallänge (16 cm), 5 Stück à 8 cm, 3 Stück à 13 cm, 5 Stück à 14,5 cm. Sowie 2 Easy Stick normal à 13 cm und 1 x 14,5 cm.
Die 5 Easy Sticks Small in Originallänge und die in 8 cm klebt man als Vorbereitung aneinander.

2. Dann klebt man 2 der 13 cm Hölzchen oben und unten auf die 5 langen Hölzchen, die man gleichmäßig verteilt. An den Seiten befestigt man die 2 Easy Sticks normal mit der 13 cm Länge hochkant.
Das letzte Easy Stick mit der Länge 13 cm klebt man oben auf die Leisten für einen schöneren Abschluss.

3. Auf die seitlichen Hölzchen klebt man nun die 5 Easy Sticks Small á 14,5 cm auf. Unterhalb des letzten Hölzchens klebt man das Easy Stick normal hochkant auf, um zu verhindern, dass die Post durchrutscht.

4. An der unteren Leiste noch die 4 Schraubhaken eindrehen (evtl. vorbohren) und anschließend alles mit Politur versehen. Auf der Rückseite eine Aufhängung anbringen.

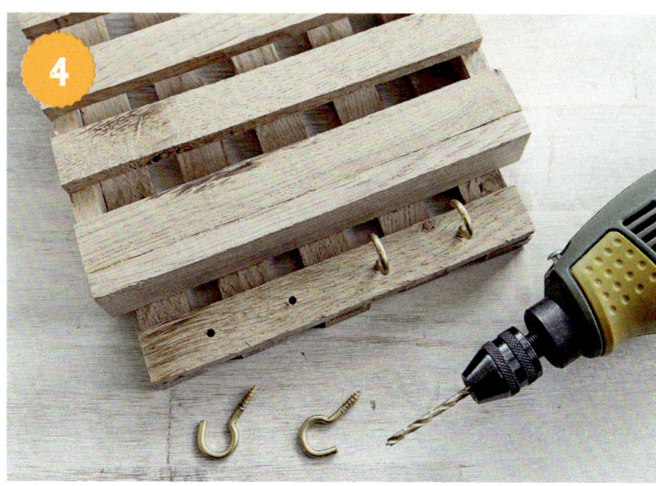

Material & Werkzeug:

16 EASY STICKS SMALL, 3 EASY STICKS NORMAL, HOLZLEIM, BOHRER, 4 SCHRAUBHAKEN, AUFHÄNGUNG

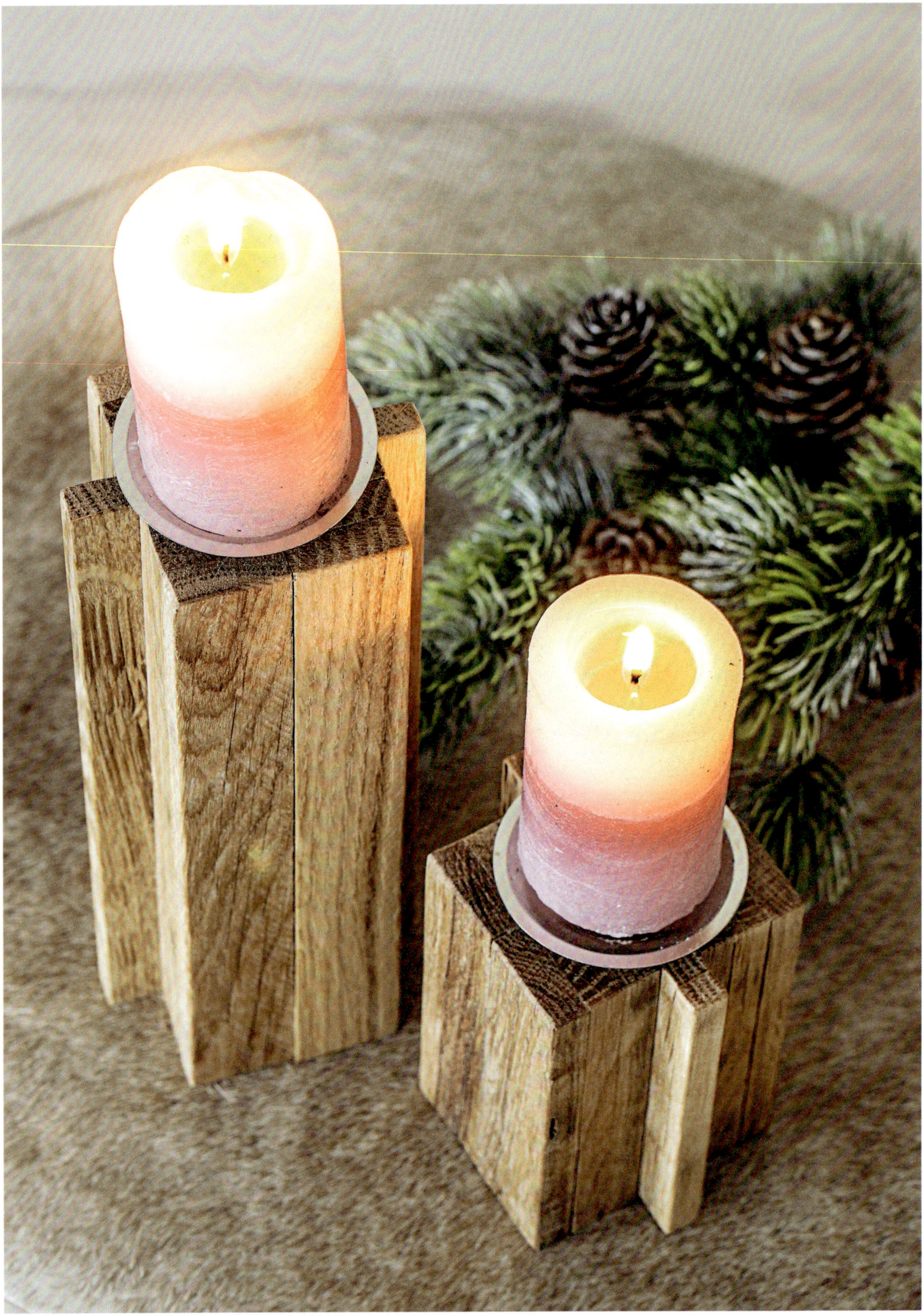

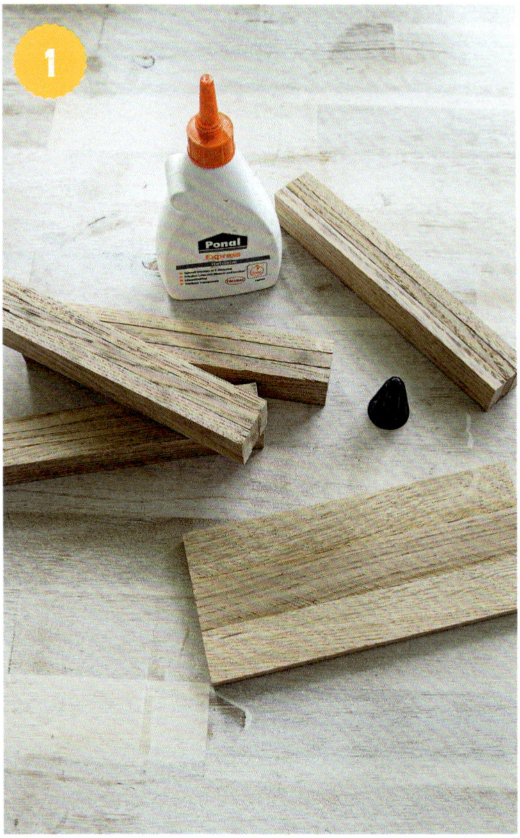

KERZENHALTER

KERZEN SIND NICHT NUR ZUR WEIHNACHTSZEIT SCHÖN. SIE SIND EIGENTLICH IMMER SCHÖN. EGAL OB DRINNEN ODER DRAUSSEN.

Und so geht's:

1. Aus 3 Easy Sticks klebt man zunächst eine kleine Platte zusammen. Dann werden 4 x 3 Easy Sticks aufeinander geklebt.

2. Nach dem Aushärten des Holzleims alle Teile wie in Abb. 2 zusammenkleben.

3. Ist auch dieser Block richtig fest verklebt, bohrt man mit einem dünnen Holzbohrer an der Oberseite mittig ein Loch für die Kerzenhalter. Dann alle Flächen und Kanten glatt schmirgeln. Anschließend steckt man den Kerzenhalter hinein. (Sollten die Spieße unten etwas zu lang sein, kneift man sie mit einer Zange auf die richtige Länge ab.)

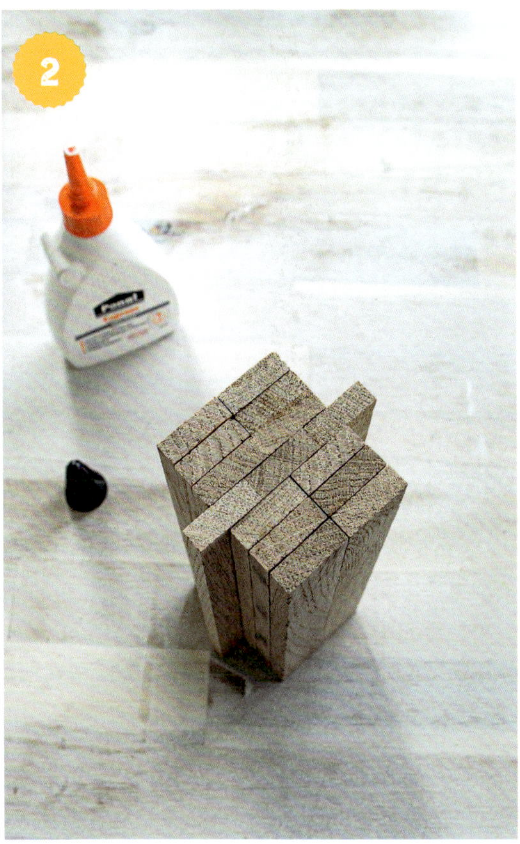

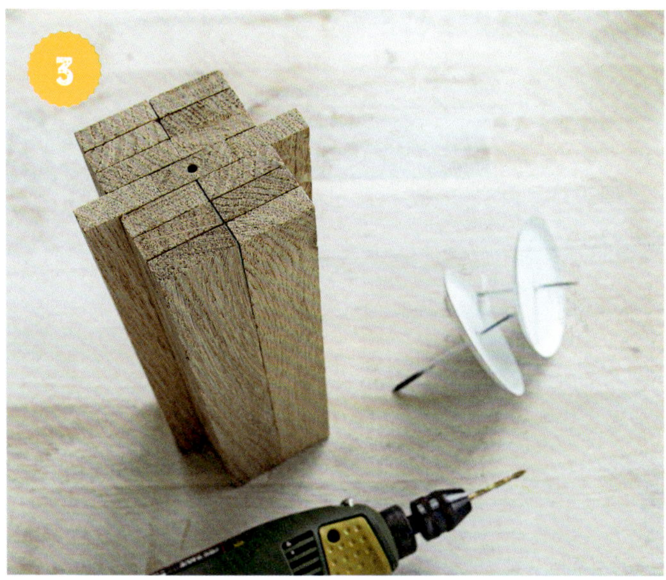

Material & Werkzeug:

15 EASY STICKS, HOLZLEIM, SÄGE, SCHMIRGELPAPIER, BOHRER, KERZENHALTER, POLITUR

20 UND MEHR EASY STICKS

FÜR ETWAS AUFWENDIGERE PROJEKTE
BRAUCHT MAN NATÜRLICH AUCH EIN PAAR MEHR EASY STICKS.
ABER DA SIE KLEIN UND HANDLICH SIND,
IST DAS KEIN PROBLEM.

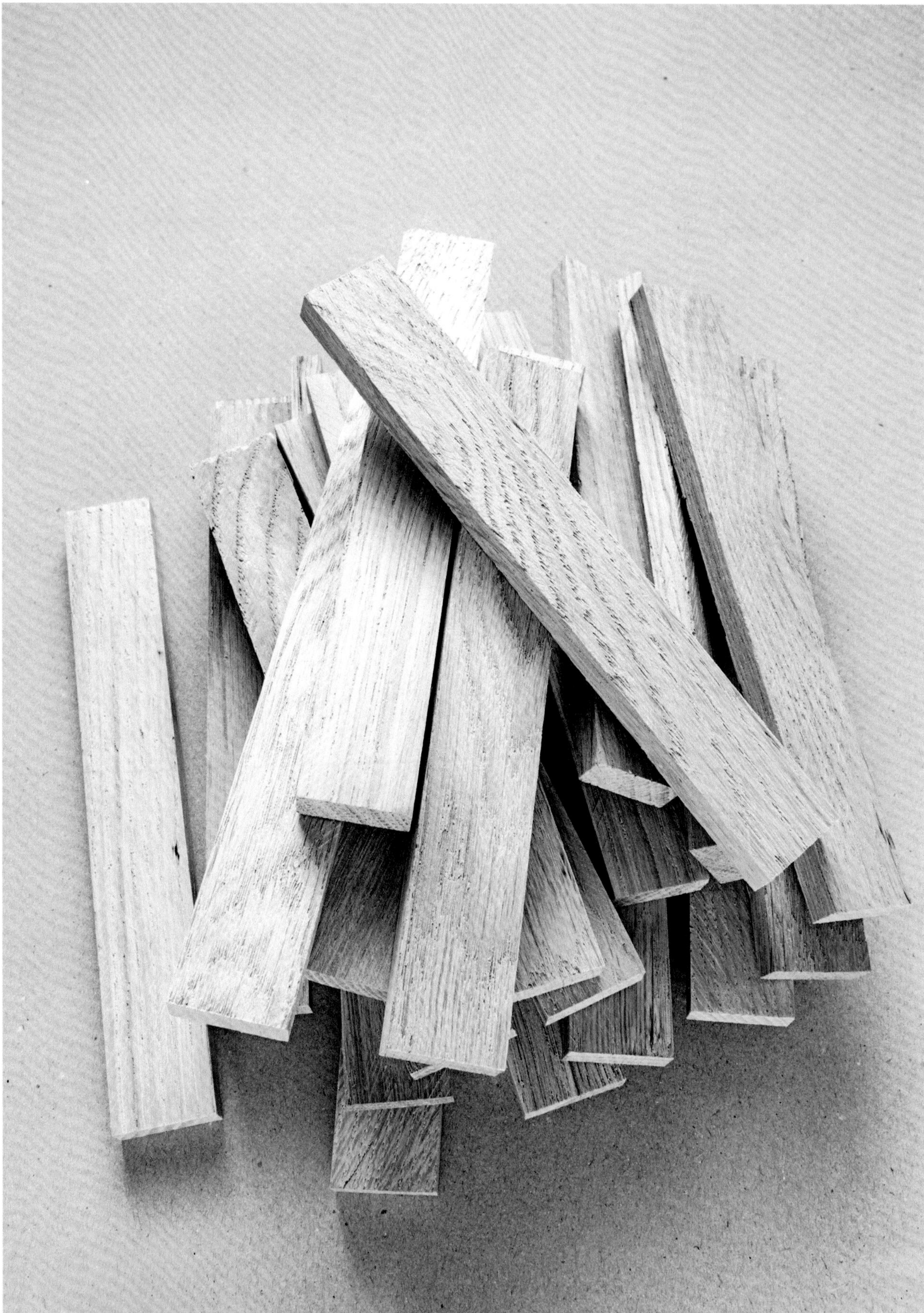

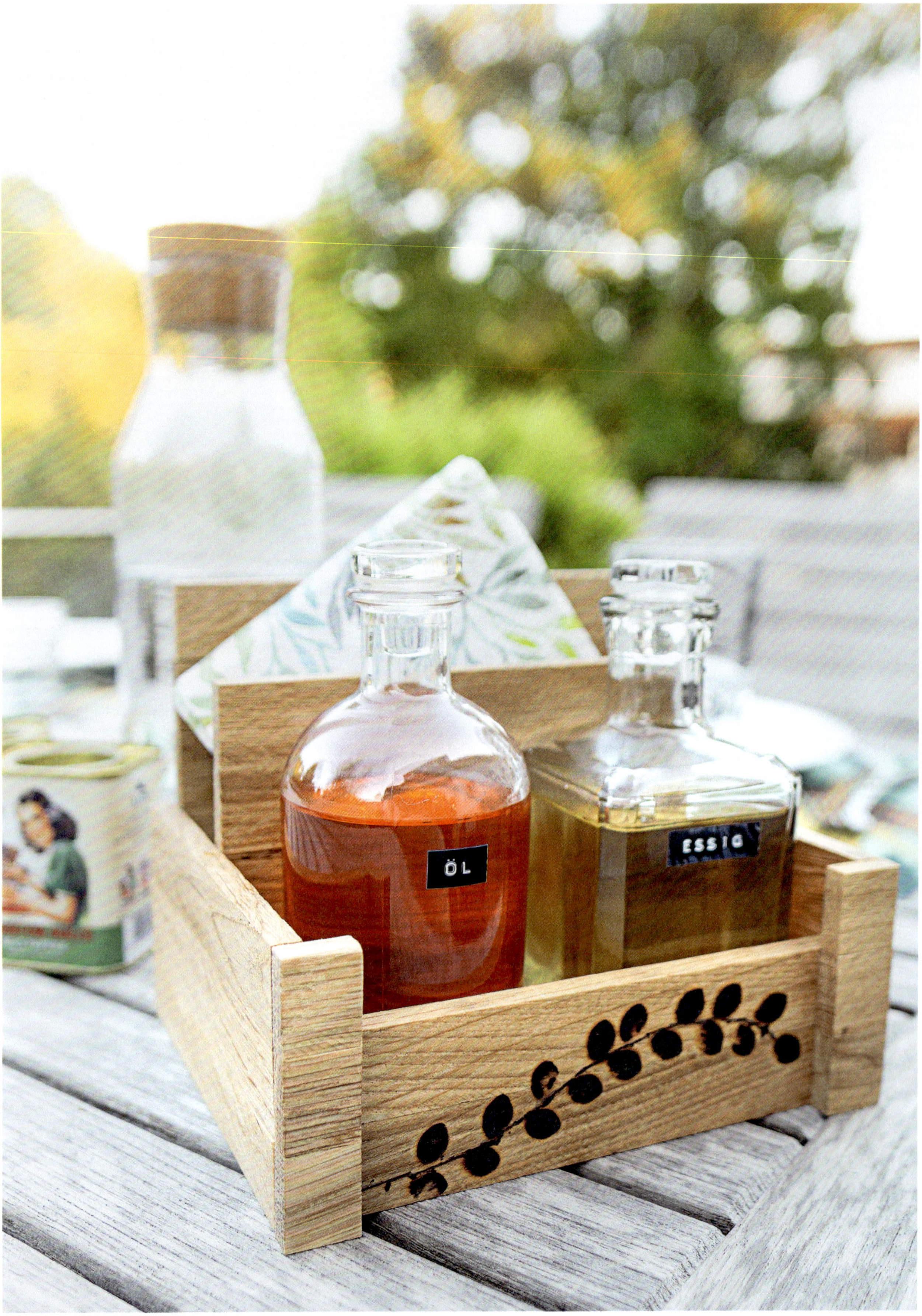
ÖL
ESSIG

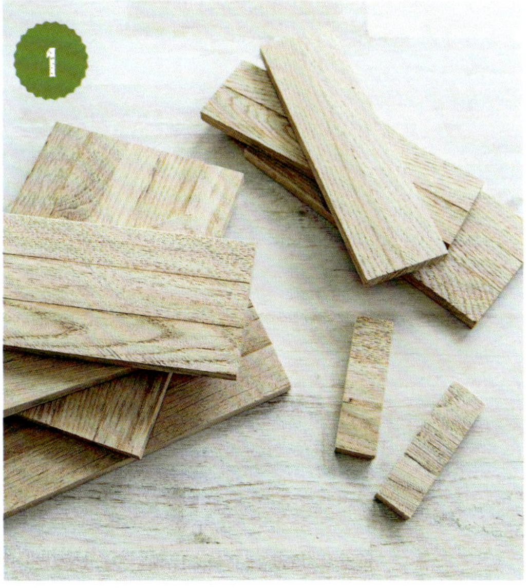

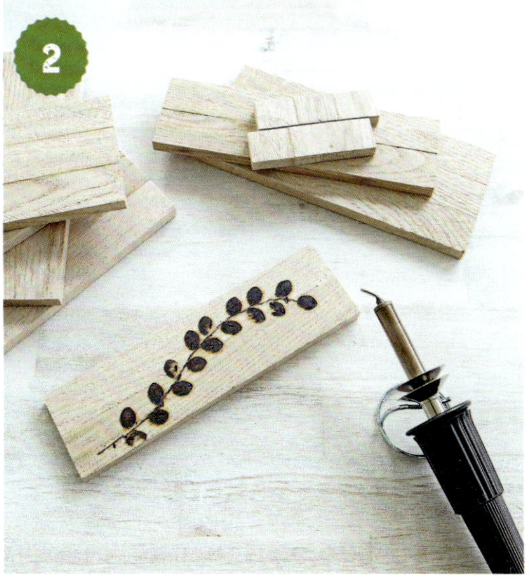

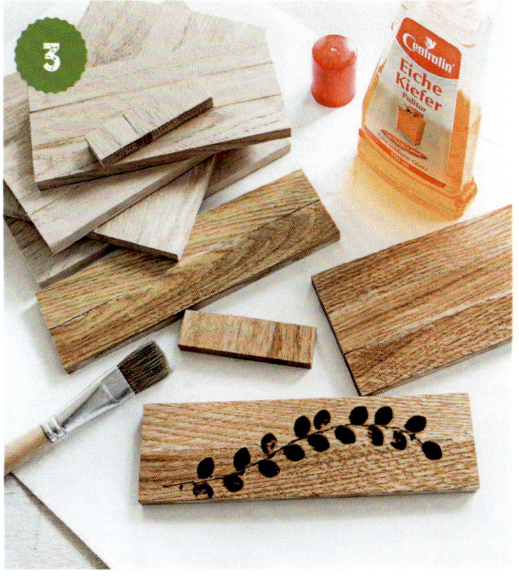

MENAGERIE

DER TISCH IST GEDECKT. BESTECK VORHANDEN. FEHLEN NUR NOCH ÖL UND ESSIG FÜR DEN SALAT. UND DIE SERVIETTEN. ALLES GRIFFBEREIT? DANN EINEN GUTEN APPETIT ZUSAMMEN!

Und so geht's:

1. Zunächst werden die Platten verklebt. 1 x 6 Easy Sticks, 1 x 5 Easy Sticks, 2 x 2 Easy Sticks und 3 x 3 Easy Stick, von denen 2 Platten später um 2 cm gekürzt werden.

2. Die Vorderseite, bestehend aus 2 Easy Sticks, kann man mit einem Brandmalkolben verzieren. Dazu mit einem Bleistift das Muster leicht vorzeichnen.

3. Dann kann man alle Teile ein wenig anschmirgeln und mit Politur versehen.

4. Nun alle Teile zusammenkleben. Die 6er-Platte ist die Rückwand. Davor legt man eine 2er-Platte. Dann stellt man die 5er-Platte davor und legt davor die 3er-Platte und stellt zum Schluss die mit dem Brandmuster versehene 2er-Platte davor. Die zwei gekürzten 3er-Platten bilden die Seitenwände. Die kleinen abgesägten Stücke werden als Blende vorgeklebt.

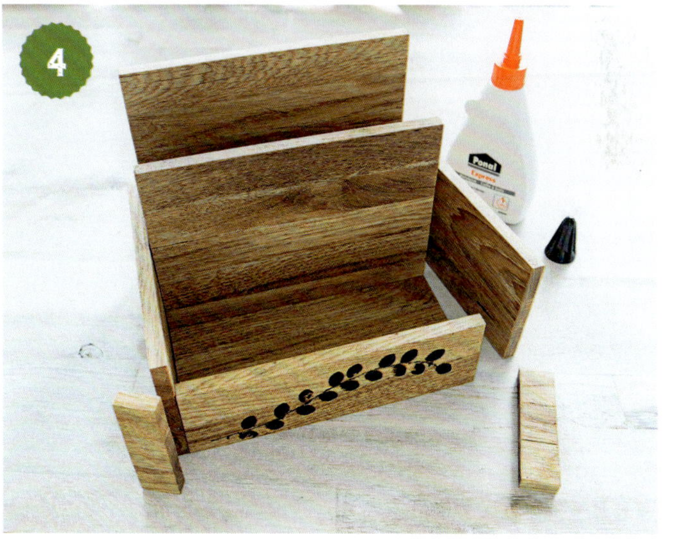

Material & Werkzeug:

24 EASY STICKS, SÄGE, HOLZLEIM, SCHMIRGELPAPIER, POLITUR, PINSEL, BLEISTIFT, BRANDMALKOLBEN

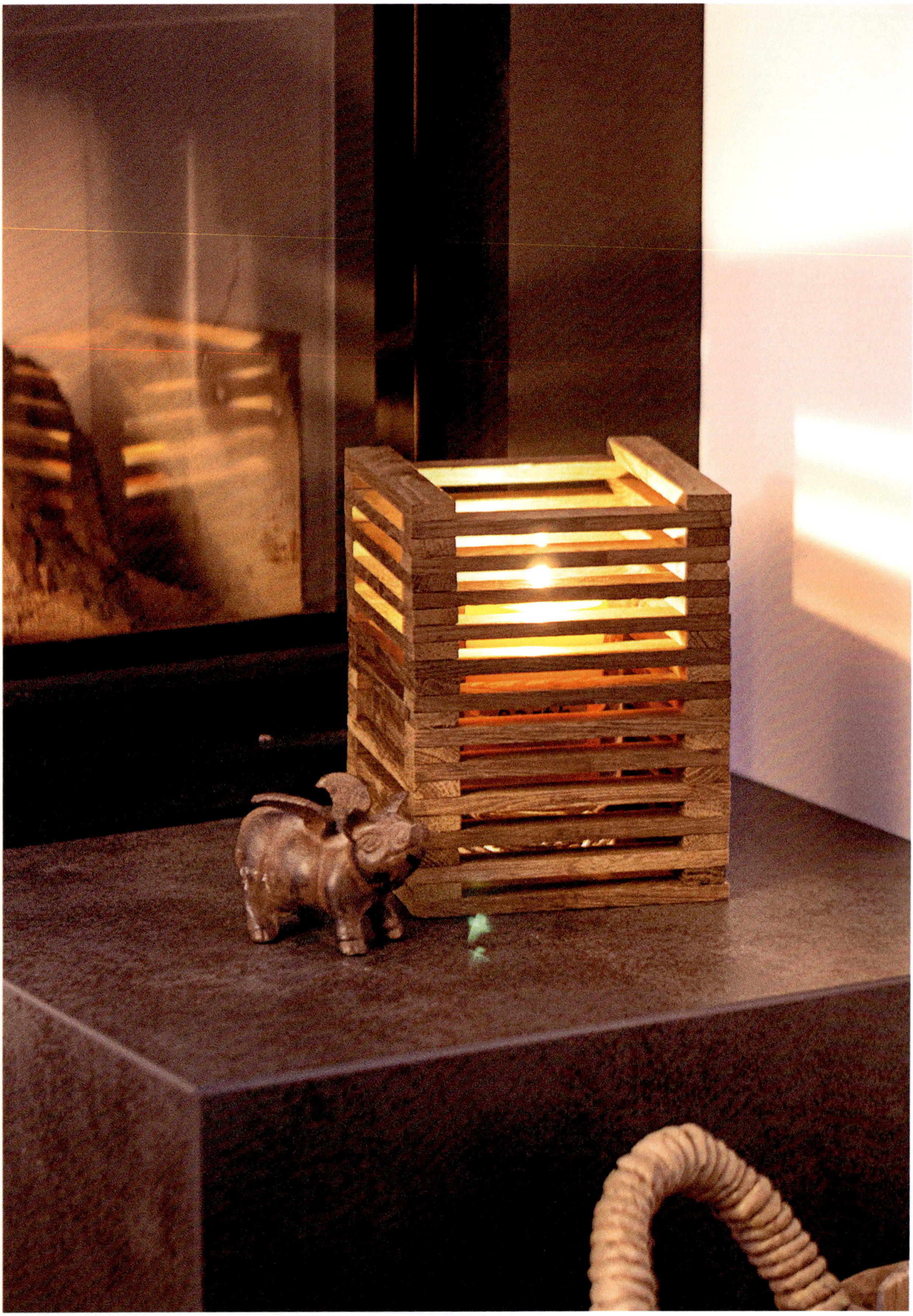

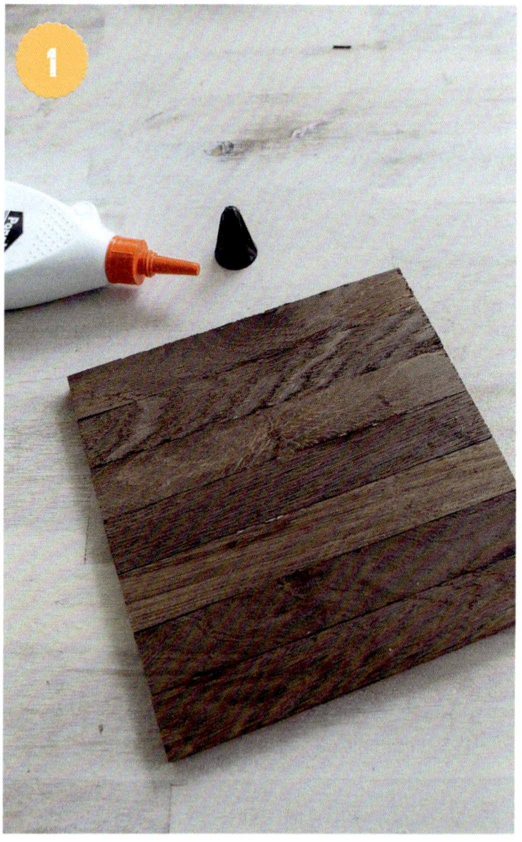

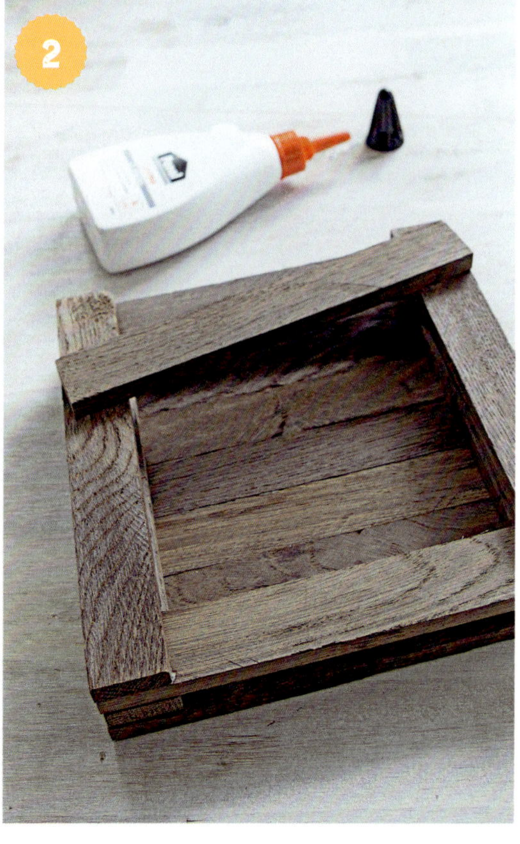

WINDLICHT

WINDLICHTER KANN MAN BEKANNTERMASSEN NIE GENUG HABEN. UND WENN DAS LICHT SO GUT GESCHÜTZT IST WIE HIER – UMSO BESSER!

Und so geht's:

1. Für die Bodenplatte werden 7 Easy Sticks aneinandergeklebt. Möchte man sie beizen, sollte man dies vorher tun, da das Einpinseln nachher ein wenig schwierig ist.

2. Dann beginnt man damit, die Easy Sticks versetzt gegenüber aufzukleben. Damit die einzelnen Teile nicht verrutschen, sollte man sie immer erst gut antrocknen lassen.

3. Die Höhe des Windlichts kann man frei wählen. Am besten so, dass die Kerze oder das Glas für die Kerze komplett in der Holzkonstruktion verschwindet.

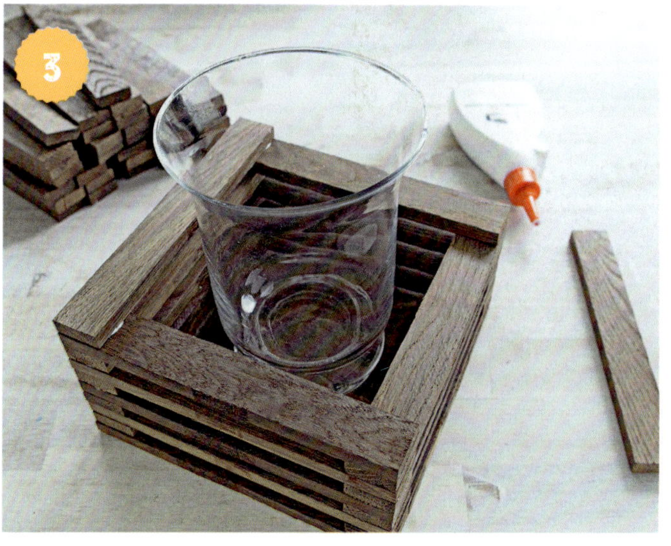

Material & Werkzeug:

FÜR DAS BEISPIELPROJEKT: 53 EASY STICKS, BEIZE, PINSEL, HOLZLEIM, GLASWINDLICHT

WIE BEIM WINDLICHT VON SEITE 86 SOLLTE MAN DIE KERZE ZUR SICHERHEIT NOCH IN EIN GLASGEFÄSS STELLEN.

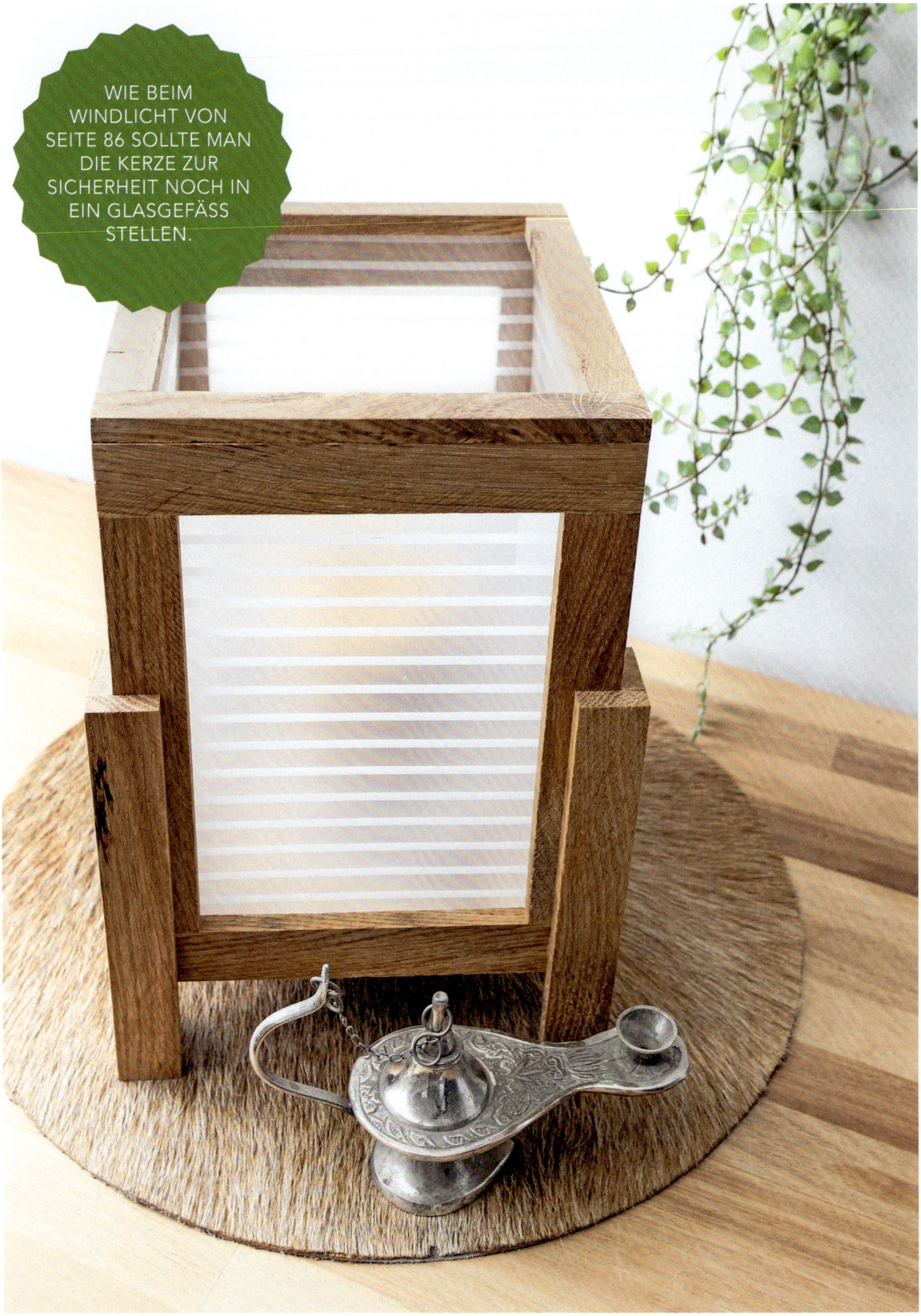

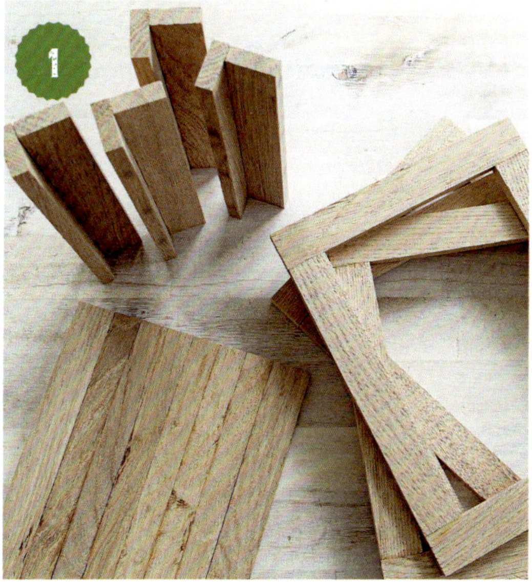

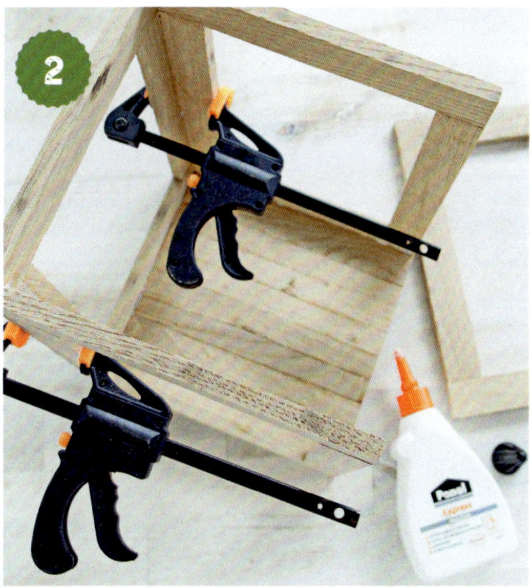

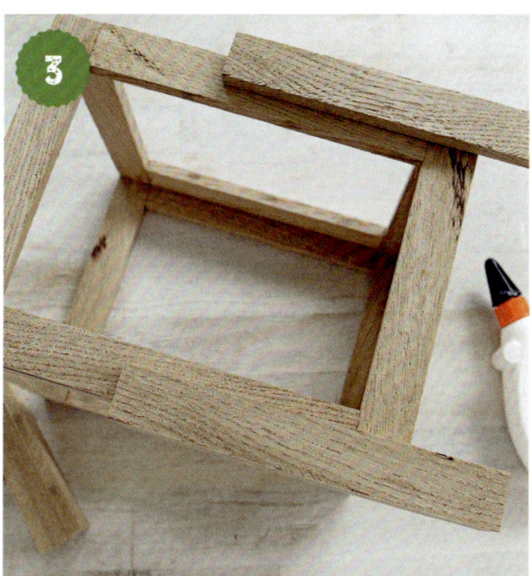

WUNDERLAMPE

DIESE WUNDERLAMPE SIEHT FAST AUS WIE EINE ECHTE LAMPE. ABER OHNE EIN STÖRENDES KABEL KANN MAN SIE ÜBERALL HINSTELLEN. OB DRAUSSEN ODER DRINNEN. GLAS MIT KERZE HINEIN – WUNDERBAR!

Und so geht's:

1. Für die Bodenplatte werden 2 Easy Sticks normal und 6 Easy Sticks small zusammengeklebt. Die 4 Rahmen bestehen aus je 4 Easy Sticks. Für die Füße klebt man je 2 Easy Sticks gegeneinander.

2. Die Rahmen werden nach dem Trocknen des Leims um die Bodenplatte herum geklebt. Dafür Klemmzwingen verwenden und warten, bis die Konstruktion stabil genug ist.

3. Dann die Position für die Füße abmessen und markieren. Anschließend alle ankleben und den Leim aushärten lassen. Zum Abschluss einen Rahmen aus Easy Sticks small aufkleben.

4. Die „Scheiben" des Windlichts bestehen aus transparenten Kunststoff-Tischsets. Es gibt sie in vielen tollen Mustern, sie haben die ideale Stärke und lassen sich mit dem Cutter auf die richtige Größe bringen. Vor dem Einsetzen das Windlicht schön glatt schmirgeln und mit Schutzöl behandeln. Dann die Scheiben mit Doppelklebeband innen befestigen.

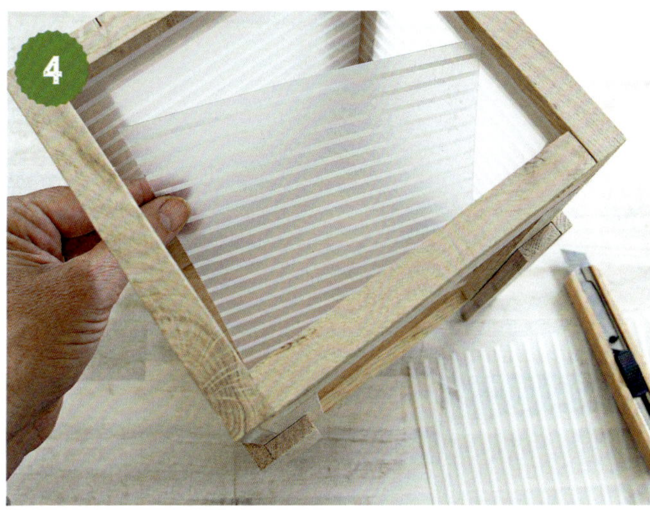

Material & Werkzeug:

26 EASY STICKS, 10 EASY STICKS SMALL, LINEAL, STIFT, HOLZLEIM, KLEMMZWINGEN, SCHMIRGELPAPIER, SCHUTZÖL, PINSEL, 2 TRANSPARENTE TISCHSETS, CUTTER, DOPPELSEITIGES KLEBEBAND

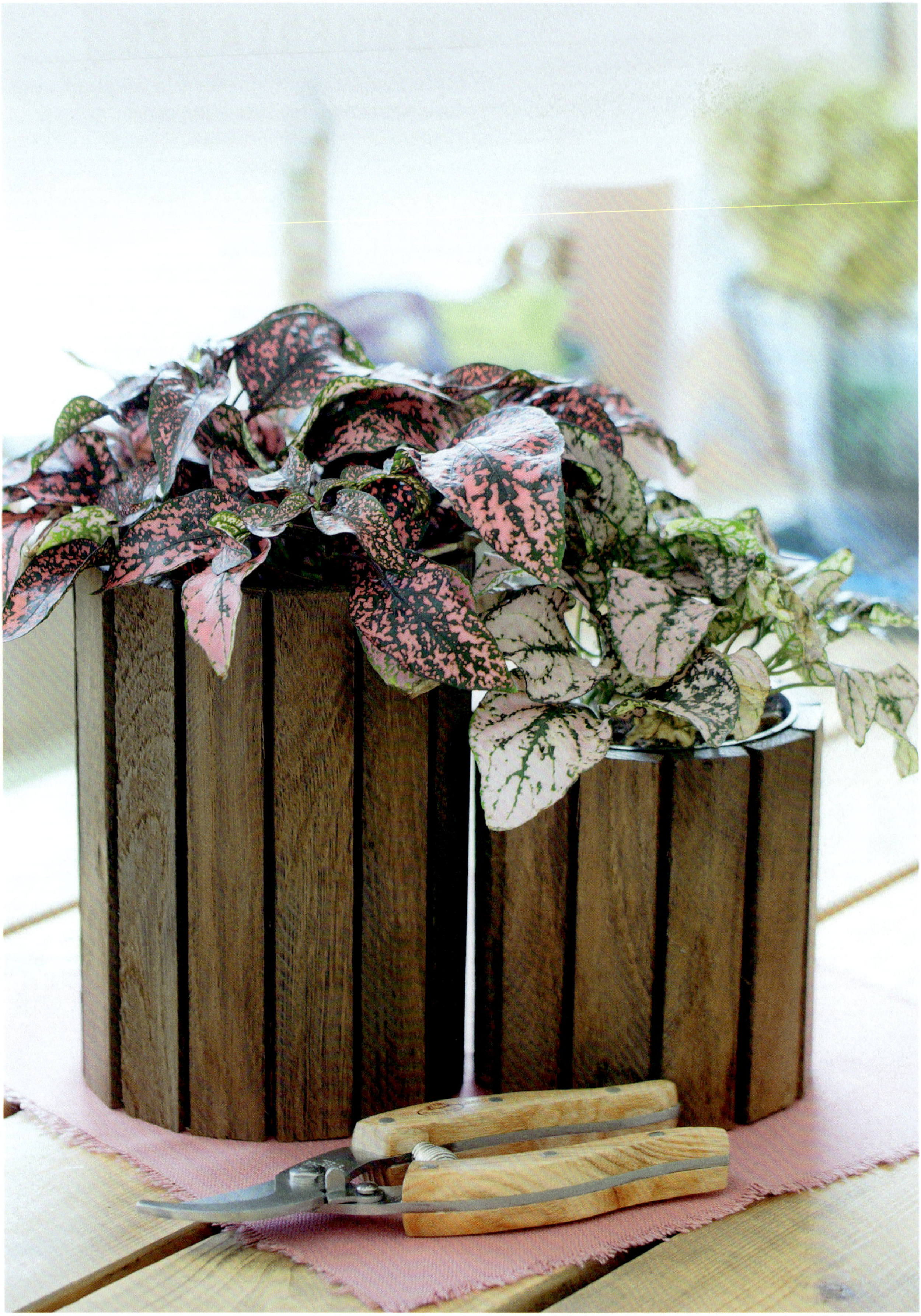

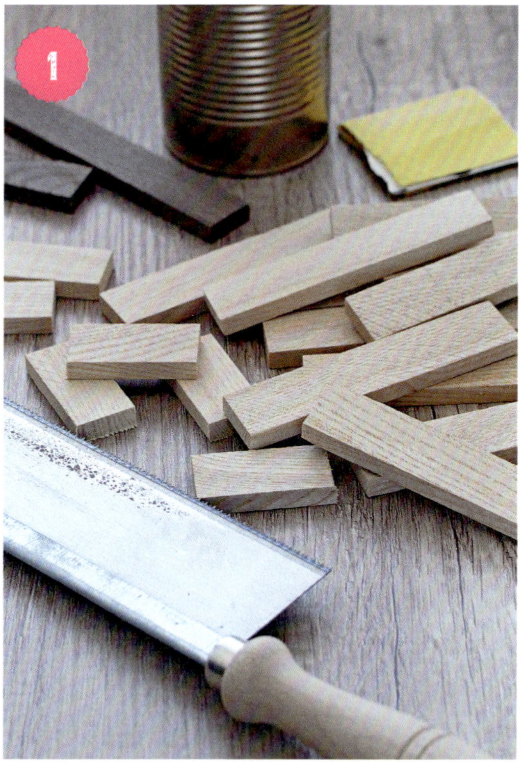

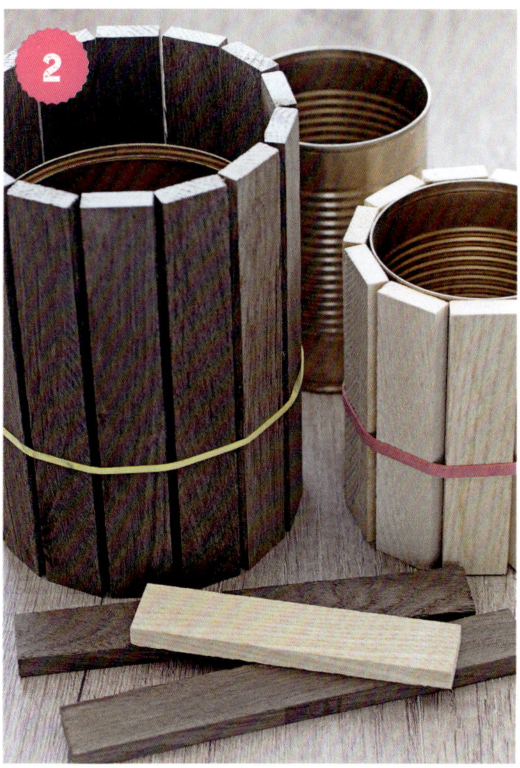

ÜBERTOPF

KEINEN ÜBERTOPF ZUR HAND? EINE ALTE KONSERVENDOSE KANN AUSHELFEN. MIT HOLZLEISTEN BEKLEBT IST DAS NICHT NUR EINE PRAKTISCHE NOTLÖSUNG FÜR DAS EIGENE ZUHAUSE, SONDERN AUCH EINE SCHÖNE IDEE FÜR DAS NÄCHSTE TOPFBLÜMCHENGESCHENK.

So geht's:

1. Als Erstes ermittelt man die Länge der Easy Sticks und schneidet alle entsprechend mit einer Säge in gleicher Länge ab. Die Kanten später ein wenig abschmirgeln.

2. Dann legt man die Leisten um die jeweilige Dose, um zu sehen, wie viele drumherum passen. Dazu die Leisten mit einem Gummiband an der Dose fixieren.

3. Anschließend klebt man die Leisten mit der Heißklebepistole nacheinander auf die Dose.

Die Leisten können genau mit dem Rand der Dose abschließen oder auch ein ganzes Stück länger sein. Ganz wie man mag.

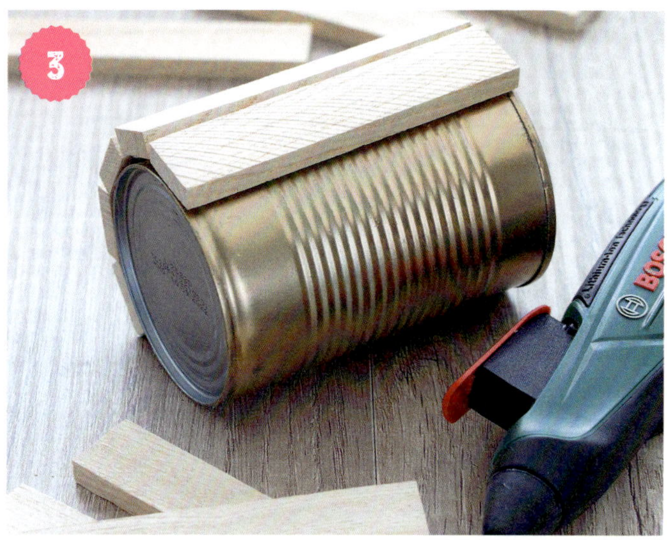

Material & Werkzeug:

EASY STICKS JE NACH UMFANG DER DOSE, DOSE, SÄGE, SCHMIRGELPAPIER, GUMMIBAND, HEISSKLEBEPISTOLE

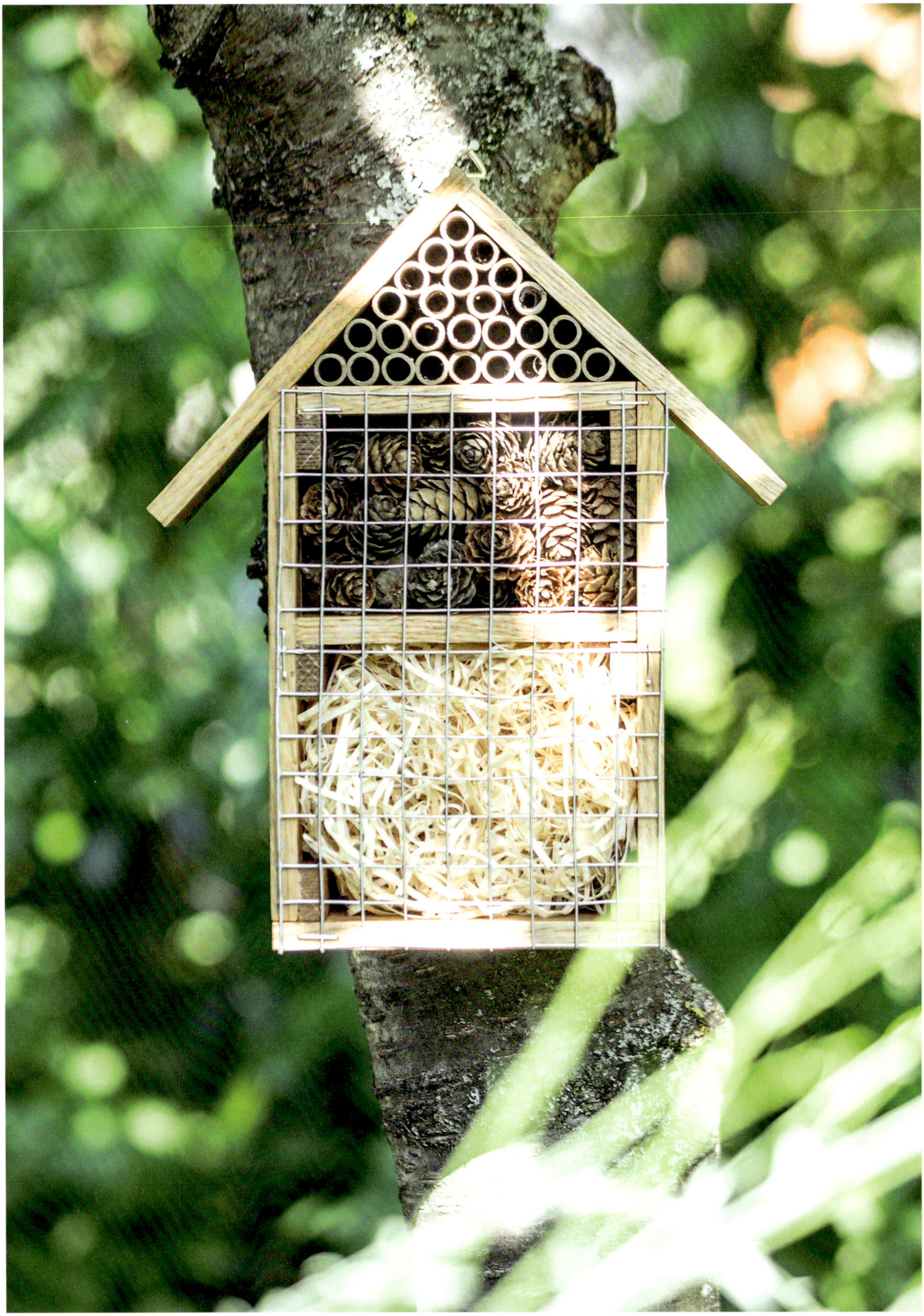

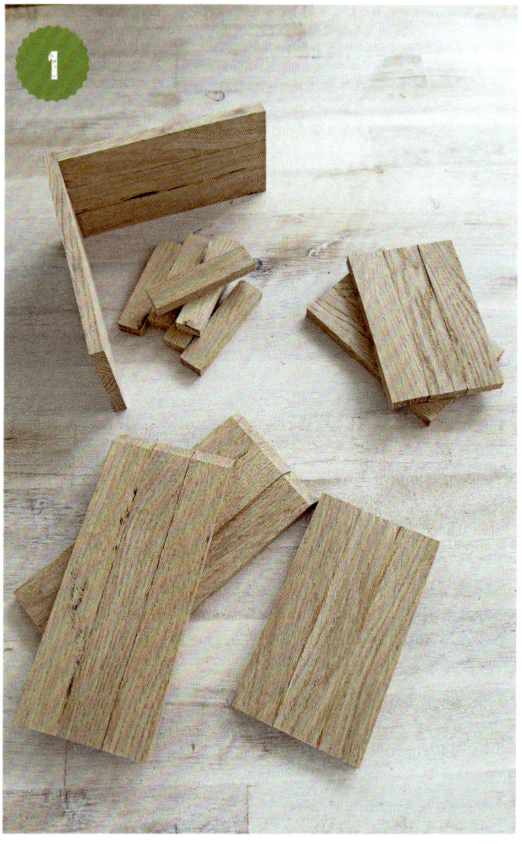

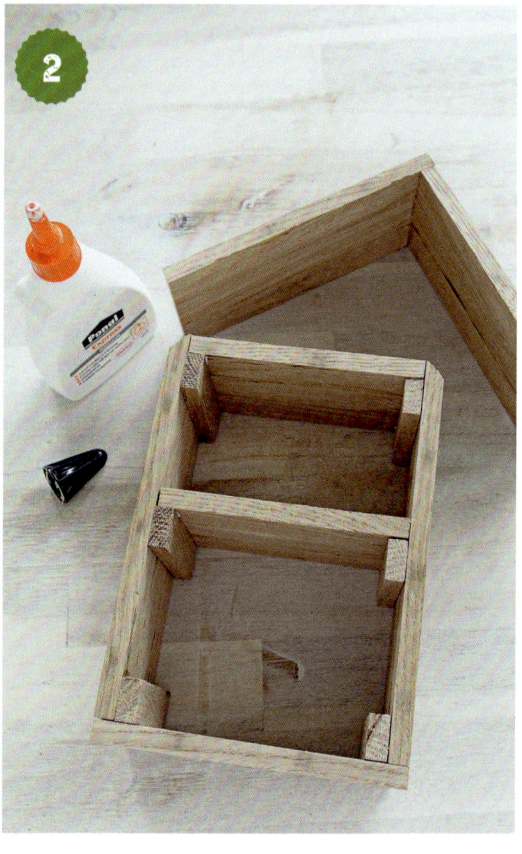

INSEKTENHOTEL

EIN KLEINES TINY HOUSE FÜR VERSCHIEDENE ARTEN VON NÜTZLINGEN IN UNSEREM GARTEN. MACHT SICH GANZ HÜBSCH AUCH AUF TERRASSE UND BALKON.

Und so geht's:

1. Zunächst alle Teile zuschneiden. Bodenplatte: 3 x 12 cm, Zwischenböden 6 x 10,4 cm, Dach: 3 x 14 cm + 3 x 13 cm. Aus den Easy Sticks Small: 6 x 7 cm.
Für den Boden, die Zwischenböden und das Dach jeweils 3 Teile aneinanderkleben. Für die Seitenteile werden zuerst die Kanten oben im Winkel von 45° angeschrägt. Anschließend auch hier jeweils 3 Teile zusammen kleben. Die Dachflächen im rechten Winkel aneinanderkleben. (Die kürzere Seite gegen die längere Seite.)

2. Sind alle Teile vorbereitet, kann man sie zusammenkleben (siehe auch Zeichnung Seite 95). Für die Rückseite sollte man eine dünne Sperrholzplatte mit dem Cutter zurechtschneiden. Hier wird auch der Aufhänger befestigt.

3. Nachdem das Schutzöl aufgetragen und getrocknet ist, füllt man sein „Hotel". Mit Pappröllchen, Holzwolle und kleinen Zapfen. Ein kleines, aufgetackertes Gitter auf der Vorderseite verhindert das Herausfallen des Füllmaterials.

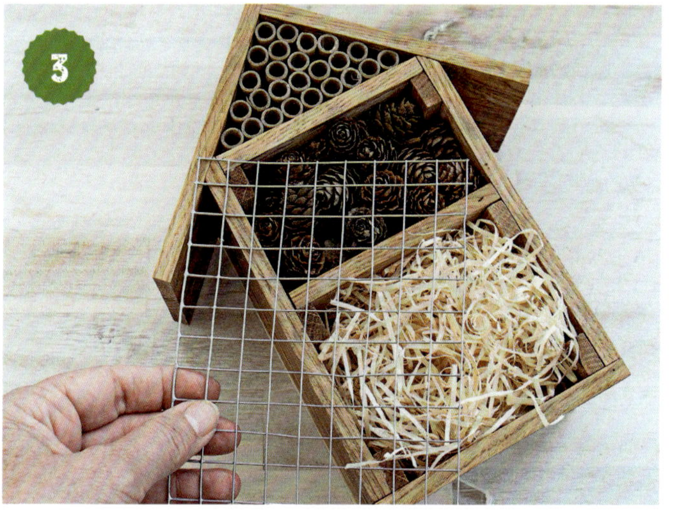

Material & Werkzeug:

21 EASY STICKS, 3 EASY STICKS SMALL, SPERRHOLZPLATTE, CUTTER, LINEAL, SÄGE, HOLZLEIM, SCHRAUBKLEMMEN, SCHUTZÖL, PINSEL, AUFHÄNGER, GITTERGEFLECHT, TACKER

ÜBER DIE AUTORIN

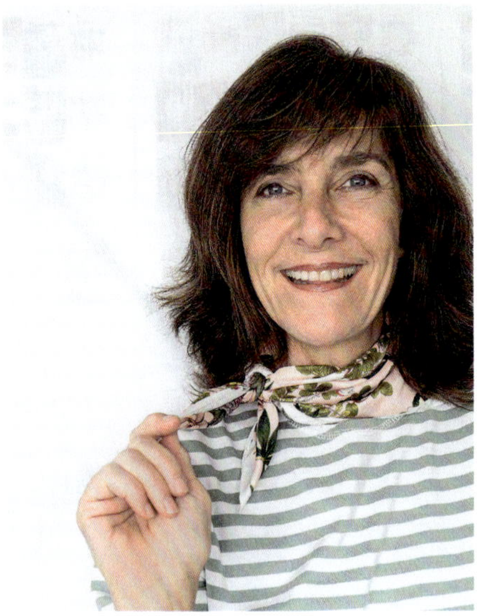

Ina Mielkau ist gelernte Schaufensterdekorateurin und hat Kommunikationsdesign in Darmstadt studiert. Dort arbeitet sie seit über 20 Jahren als freie Grafikerin und Autorin. Die Umsetzung von DIY-Projekten und das Fotografieren sind nur zwei ihrer Leidenschaften.

Obwohl sie die Arbeit am Computer liebt, steht sie gerne in ihrer Werkstatt und arbeitet mit richtigen „echten" Werkzeugen. Ihre Lieblingsmaterialien sind Papier, Holz und Stoff.

Auf ihrem Blog: www.ynas-design.blogspot.de teilt sie seit vielen Jahren ihre DIYs sowie Designthemen und Reiseberichte.

DANKESCHÖN

Mein Dankeschön geht an die Firma Easy Sticks, die mir ihre Hölzchen zur Verfügung gestellt und mir so ermöglicht hat, einige Projekte in einem Buch zusammenzustellen.
Ein weiteres Dankeschön geht an all die Bloggermädels da draußen in den sozialen Medien, die sich immer gefreut haben, wenn ich wieder mal ein „Stäbchenparkett-Projekt" veröffentlicht hatte, und mich letztendlich zu diesem Buch motiviert haben.

VORLAGEN

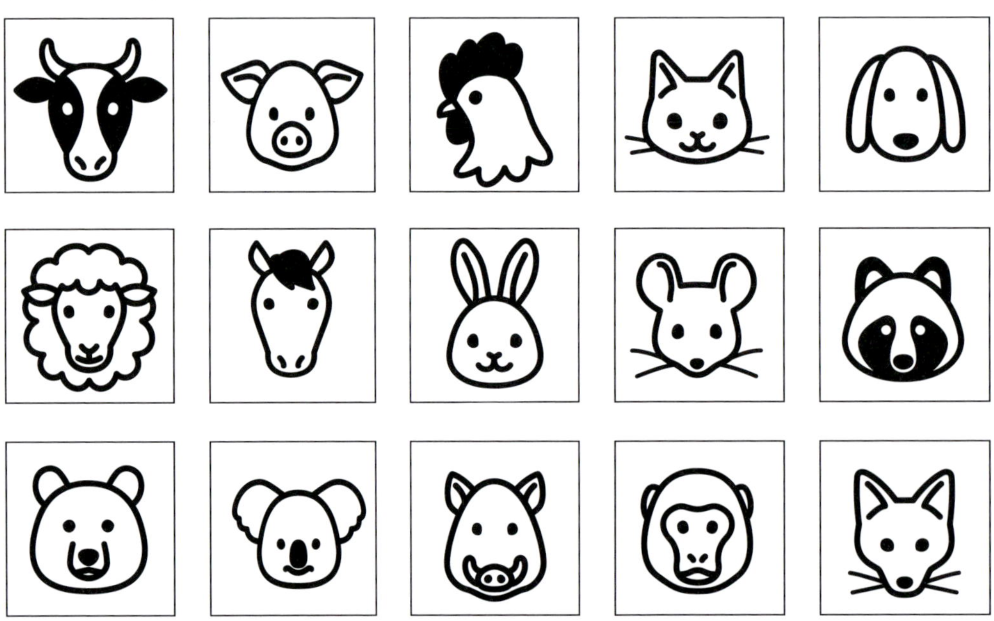

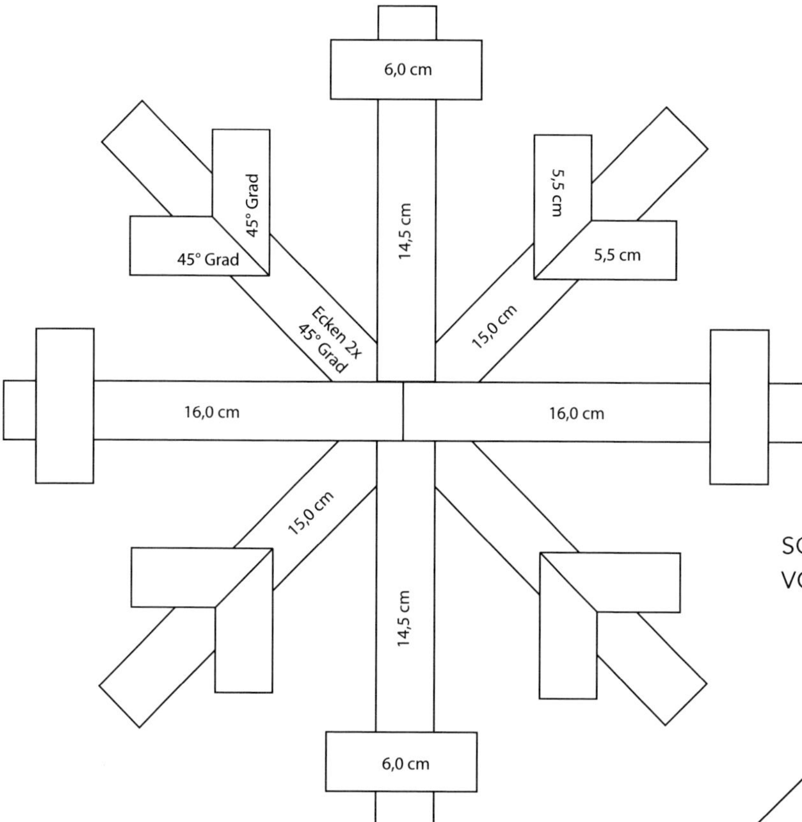

SCHNEEFLOCKE
VON SEITE 60

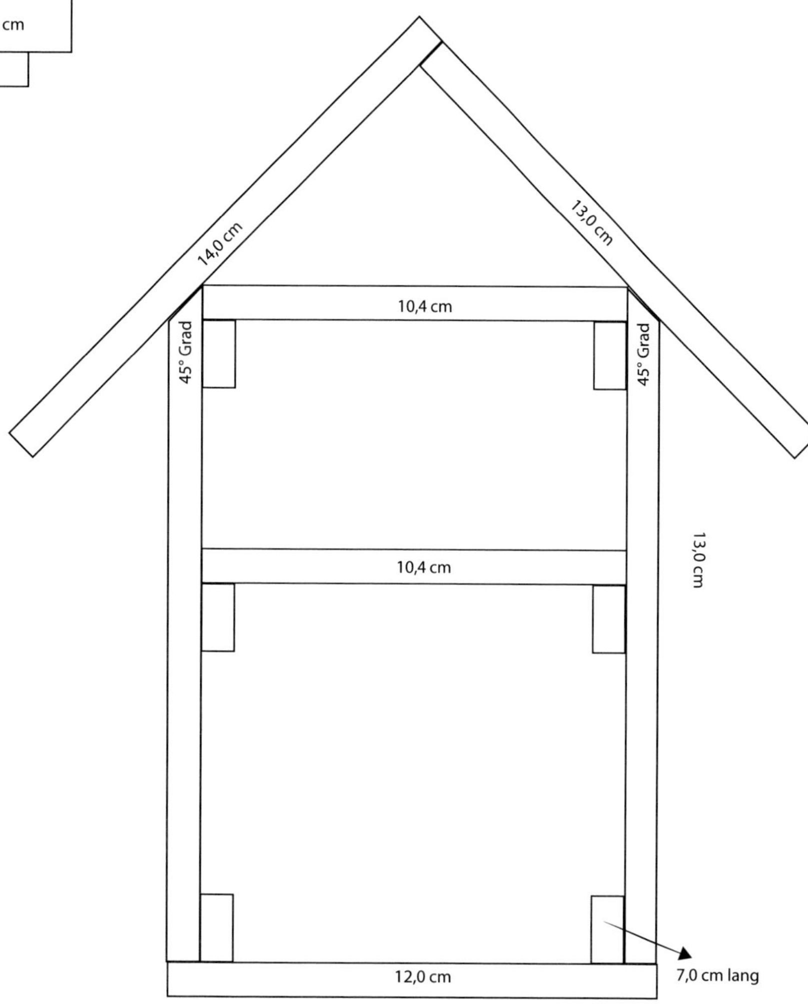

INSEKTENHOTEL
VON SEITE 92

IMPRESSUM

Autorin: Ina Mielkau
Fotos und Grafiken: Ina Mielkau
außer Seite 94: Shutterstock 493538719
Produktmanagement: Svenja Wiglinghaus
Lektorat: Sigrun Borstelmann
Korrektorat: Anna Maier
Umschlaggestaltung: Ina Mielkau
Layout und Satz: Ina Mielkau
Repro: LUDWIG:media
Herstellung: Kathleen Baumann
Printed in Slovakia by Neografia

★★★★★

Sind Sie mit diesem Titel zufrieden? Dann würden wir uns über Ihre Weiterempfehlung freuen. Erzählen Sie es im Freundeskreis, berichten Sie Ihrem Buchhändler oder bewerten Sie beim Onlinekauf.
Und wenn Sie Kritik, Korrekturen oder Aktualisierungen haben, freuen wir uns über Ihre Nachricht an Christophorus Verlag, Postfach 40 02 09, 80702 München oder per E-Mail an lektorat@verlagshaus.de.

Unser komplettes Programm finden Sie unter

www.christophorus-verlag.de

 Autorin und Verlag haben alle Angaben und Anleitungen mit größtmöglicher Sorgfalt zusammengestellt. Dennoch kann bei Fehlern keinerlei Haftung für direkte oder indirekte Folgen übernommen werden. Materialien und Projekte können von den jeweiligen Originalen abweichen.
Die bildliche Darstellung ist unverbindlich. Sollte dieses Werk Links auf Webseiten Dritter enthalten, so machen wir uns die Inhalte nicht zu eigen und übernehmen für die Inhalte keine Haftung.
In diesem Buch wird aus Gründen der besseren Lesbarkeit das generische Maskulinum verwendet. Weibliche und anderweitige Geschlechteridentitäten werden dabei ausdrücklich mitgemeint, soweit es für die Aussage erforderlich ist.

Die Deutsche Nationalbibliothek verzeichnet diese Publikation in der Deutschen Nationalbibliografie; detaillierte bibliografische Daten sind im Internet über http://dnb.d-nb.de abrufbar.

ISBN 978-3-8388-3833-5

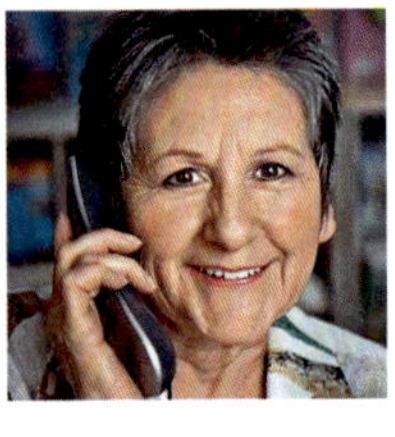

Kreativ-Service

Sie haben Fragen zu den Büchern und Materialien? Frau Erika Noll ist für Sie da und berät Sie rund um alle Kreativthemen. Rufen Sie an! Wir interessieren uns auch für Ihre eigenen Ideen und Anregungen. Sie erreichen Frau Noll per E-Mail: **kreativ-service@c-verlag.de** oder Tel.: **+49 (89)-13 06 99-577.**

Besuchen Sie uns im Internet: www.christophorus-verlag.de